虛菴遺稿

간행사

계명대학교(啓明大學校) 동산도서관(童山圖書館)에서는 옛 문헌을 수집 보존하고, 현재의 지식으로 재현 활용키 위하여 여러 가지 노력을 기울여 왔습니다. 수장(收藏)하고 있는 약 70,000책의 고서를 2004년 개교50주년을 기념하여 『고서종합목록(古書綜合目錄)』으로 정리 간행하였고, 1999년부터 문화재 지정을 지속적으로 신청하여 2006년 4건의 고서를 추가로 보물로 지정받음으로써 현재 총 11종20책의 국가문화재(國家文化財) 보물(寶物)을 보유하게 되었습니다. 이처럼 동산도서관의 고서의 수장은 질적, 양적으로 대학도서관으로서 가장 우수한 수준이라고 할 수 있습니다.

계명대학교 한국학연구원(韓國學硏究院)은 1973년 한국학연구소로 출범하여 문학, 역사학, 철학, 민속학 등 제반 분야에서 한국학 연구를 심화하고 활성화시켜 왔습니다. 이후 우리나라의 국제적 위상이 높아지고, 그에 따라 한국학을 세계화할 필요성이 높아짐에 따라 1989년 한국학연구소를 대학 부속기관으로 승격시키고, 기구를 확대 개편하여 한국학연구원으로 재출범하였습니다.

고전적(古典籍) 같은 한국학 자료는 역사적 가치와 미래적 가치를 동시에 지닌 인류의 소중한 학문적, 문화적 자산입니다. 이러한 자료가 국내외에 널리 공유될 수 있도록 하기 위해서는 자료의 가치에 대한 다양한 소개와 보급이 필수적입니다. 그리하여 한국학연구원에서는 이러한 취지에서 2007년 교육과학기술부 국학기초자료사업에 '계명대학교 동산도서관 소장 선본고서 해제 및 자료공개화 사업'을 신청하였고, 바로 선정되어 현재 원활히 사업을 수행하고 있습니다. 계명대학교 및 동산도서관에서는 이 사업의 취지에 공감하여 전폭적인 협력과 지원을 하고 있습니다.

1999년 동산도서관에서는 '계명대학교 동산도서관 고문헌총서'를 기획하여 1집으로 『무예제보번역속집(武藝諸譜飜譯續集)』(1999), 2집으로 『두시언해(杜詩諺解)』(2000)를 영인, 보급하여 학계의 좋은 반응을 얻은 바 있습니다. 재정적 문제로 사업이 지속되지 못하였던 바, 금번 자료공개화 사업의 일환으로 이 우수한 사업을 다시 잇게 되었습니다. 본서는 이러한 내력을 가지고 간행되는 것입니다. 이번에 영인되는 책은 김시습(金時習, 1435~1493)의 『매월당시고(梅月堂詩藁)』(3집)와 「매월당시사유록(梅月堂詩四遊錄)」(4집), 이륙(李陸, 1438~1498)의 『청파집(靑坡集)』(5집), 정희량(鄭希良, 1468~1502)의 『허암유고(虛庵遺藁)』(6집), 이중경(李重慶, 1599~ 1678)의 『잡훼원집(雜卉園集)』(7집)입니다. 이들은 간본(刊本)으로 현존 유일본 또는 희귀 초간본이거나, 필사본(筆寫本)으로 저자의 친필 초고본에 해당하는 귀중한 책들입니다. 그 구체적인 내용과 가치는 개별 해제를 참조해주시기 바랍니다.

한국학연구원과 동산도서관에서는 앞으로도 한국학연구에 도움이 되는 좋은 자료를 선정하여 연차적으로 영인본 또는 화상이미지로 보급하고자 합니다. 학계와 도서관계 여러분께서도 이러한 취지에 많이 성원해 주시고, 이들 자료를 바탕으로 활발한 연구가 이뤄지기를 기대합니다.

끝으로 이들 자료의 해제를 맡아주신 박철상, 장인진, 김연수 선생님을 비롯하여 사업의 기획, 자료 선정 및 편집 등에 수고해주신 관계자 여러분께 감사드립니다.

2008년 8월

계명대학교 동산도서관장 김 종 영

계명대학교 한국학연구원장 이 윤 갑

虛菴遺稿

唐庵遺稿序

余觀古而傳名於後者其大有三德爲上功爲次言爲下雖而高下後先之殊而以流芳而不朽則未嘗不同也其而功德之人則閥閱望事業巍巍爍爍焜耀乎耳目[illegible][illegible]乎簡册驟當時震後代者不待人而然蓋但寡言於文章而身不遠名不大顯於世[illegible]則雖而負躍后山之詩文非昌黎契衍[illegible]顯闡幽之力同爲草木而腐復誰知哉[illegible]筆友鄭君亦立言於文而未顯者也如幽蹟宮者名稍稍顯聞於縉紳間而釋碣銘誌

選補史館將顯矣俄遭戊午史禍之變
于分放還來幾先見事釁沈江而死不暇季
同君子從者誅夷殆盡獨能炳乎幾先引以
自決專其門户可謂智矣而大抱負立于朝
不大施厥子功德施于時及於人況望其傳
後哉傳之所可集者惟一段文章已然其季
日所著不蓄於家率出於用世間者亦罹
甲乙之禍散逸無餘雖有一二所得襍以斜
擧之文屑屑不足為傳也予無以君名湮沒
為懼常惶求于懷未嘗斯須寬庚子春
少叔達家子號濯纓盈珠之謫之作即與

李君擇之錄而徵之擇之詩達丞君之友也
相與晶助號曰子墨者覩于南早晚於補外寄可
圖不朽受而讀之其有英暢之妙視前所
得不啻相越蓋亦任謫羈愁之久困窮拂鬱
而以徵之耶古人云窮則詩工此謂此也果然
三黜于南窮可知也而施灣則極矣況與梅
溪詩老同州而謫朝夕唱處薰陶磨礪
旅謫後有所得而增益者亦豈少哉況以自乃
之學蓋以涸源之助發於窮愁之地其出而為
言者不期工而自無不工也予於是充然而喜曰是
亦足以傳後於好古也惟愚所得獨取此爲

藏之者欲其遠也今年冬果受按察關東盡
東原守金君士衡名於君友也予以是益崇之倩
一路口而唯唯即鋟于梓雖無昌黎魏衍之力
予了七八年介介于懷若此何慰而自曜廬山之
目庶可瞑於窆窆矣因古文章之傳或出於子
弟之私或出於朋友之公傳於私則速而公焉
久也予與士衡皆為君朋友之公也則其傳之必
久也無疑矣或者難之曰君之沉江人所幾而隱
之耳無有得至詳也則安能啟世知稍高蹈隱
形長往而不返君耶古無生人之集是稿之傳
無乃太早乎吾應之曰世有嘗遁之士既世遯

玉隱吾春隱題如秋堂序雲起臧方遠今子之
意在是乎然君之學道與否既未可知而隱題之
智亦果能如是耶若以我言為然且君好御於風
驂亦霞挹衣於子綱之岡竊竊請者有甚於
號益萬萬則其文之進有不可量也予將横
絳節叩雲關君於沖虛之館盡攜乃所述而還
以聯續集於窓槧左右為晚也然為是書以待
我言之驗否君字淳夫希良名號虛庵也是
時正德己卯年十一月日奮義靖國功臣嘉善
大夫江原道觀察使兼兵馬水軍節度使青
海君李堣序

謏聞瑣錄云魚希良字浮夫氣性强健能食生栗
子數斗而不胥痺又能飲嘗云吾飲濁酒則三大器清
酒則二大器燒酒則一大器量爲差減以先上流皆次不
喜盃勺禮飲但喜大椀健倒耳業文能詩善陰陽學
壽自筭其命以其時位不定歎曰若位某干五臣大壽
在某干則凶恐不可言每有患世之志登第爲翰林及
第之禍論議卅量移金海甲子蒙放歸艱寄墳高陽
一日獨出散步杖屣間童僕尋至則給之曰爾爲我採筆管
菜來吾思食之童旣還則不見於是家人四散蹤跡無有云必
赴水死海平君魚者叟乃君之族登燕山令物色之燕相接於此
死何用尋爲竟絕影響時人或疑其不死云

虛庵遺藁卷之一

平沙落鴈

秋容濃淡雨還晴海波不動含淨綠沙平若剪雪瑳瑳鴈背寒光斜欲滴西風吹影落漁磯字字新出臨池墨何處稻粱驚網弋意向蘆花深裏宿

遠浦歸帆

渡頭楓林霜半破海風吹滴猩々血秋光上下鏡面平一片鑄出玻瓈碧隔岸眠鷗忽驚起客帆飛來隨鳥沒落日滄茫何處宿短笛數聲山水綠

漁村落照

青山影空釣磯寒海門秋色濃可採漁翁臥蓑睡不驚鴟鳥欲散還相逐纖柳穿魚及暮歸南隣喚酒東隣沓跡々晩雨急収綱一抹斜陽掛枯木

山市晴嵐

江上青山玉一朶曉日染成嵐縷碧經雲緯霧錦陸離織破瀟湘秋水色隨風宛轉學佳人畫出文君眉平蹙蛾頭霏微散作雨青山忽起如新沐

洞庭秋月

湖水澄澄秋影寒露洗風吹生桂魄君山玉樹
森可數老虬抱珠眠不熟夜深哀響落雲間定
有湘靈弄瑤琴骨清魂冷我欲仙凝向蓬萊訪
銀闕

瀟湘夜雨

九疑嵯峨雲似墨鷓鴣啼雨湘江夕寒聲淅瀝
助凄切竹間餘淚哀欲滴楚些為招帝子魂月
恨風愁天亦泣孤舟一夜滯未歸遠客蕭條生
白髮

烟寺暮鍾

古木曲叢山轉深鳥飛不盡來暝色穿雲越壁

何處鍾定有高僧住空谷縹緲樓臺隱晩霞雖
欲往從歸路隔落日驚聞獅子吼驢背詩人首
屢側

江天暮雪

江村落日天杳茫荻葦蕭踈響晩雪蟄龍愁吟
凍生鱗睡鴉不動寒徹骨孤舟獨向者誰子亢
坐逢聰滯行色溪上高人定清曠安得往尋同
茗席

有感

父母生我苦毫髮皆所賜惜哉不肖身具體寧
非笑提携顧背勝康繳完骨髓胡爲浪觸禍腰

鄕遺鞭無寸軀自難保況敢答親恩遠謫天一涯故國隔萬里定省久已闕念之良可恥弟妹各飄零一夕魂九徙登高獨長望落日悲風起

有懷十三友

我愛南士華異體同骨肉所學在王道王霸甚分別丘庵香火社止亭風雨夕連床吐懷抱一笑相唯諾余時獨高議子面浮喜色論文古人間管鮑可無作

我愛朴仲說肝膽如霽月相忘到濠梁至樂相與敵梅窓響春雨草屋鳴庭雪把酒作青眼論詩跋紅燭謂言此趣真常恐兒輩覺世事乃如

此些物吁可憐
我愛金仁老美質如璞玉才全德不形視外知
內實猗蘭種九畹許我同一室謂言保臭味俱
升君子席誰使逢蒿姿飄零失依托茫茫萬里
途弱力無由息本性倘不變蘭悴何足說
我愛洪崖子骨秀神仙伯才名二十年出語驚
世俗斯人接古派大江合西北學道在崇深文
氣去浮薄手持造化爐陶謝可鑄出
我愛容齋士巍巍山嶽精倜儻負奇才寶劍新
發硎文章特餘閏所學皆朱程賈生少多見論
議何崢嶸遇事輒痛哭動爲人所驚

我愛金景劉邈在祝融國負土冢壘々森々手
種柏西風樹不靜此憂何時畢斯人道甚高譸
世可淳朴
我愛權氏子相從自結髮伯也負異氣仲也被
奇骨吾嘗倚其間屹立分鼎足憶昔同爭霸詩
酒作勁敵決鬪恐難全斂刃各堅壁如今吳蜀
魏長江限南北影響已寂寞夢魂亦緬邈思之
不可見獨坐歌伐木
我愛安氏子詩書有家法稱世出三鳳皆是青
田贊善之最高妙哉々之蓬萊閣一鳴徹九重四
聰開曠達

我愛李學士貌古心不俗皮裏備衰盛世人即
得識誰傾山水耳聽此峩洋曲翰林天出仙廣
文壇中雖榮辱周不同氣味誰能別
我愛金諧仲翮之鸞鶴精咳唾九天上清風吹
玉霙散作人間寶珠玉肯夜明賍叟亦非允視
子猶家兄卓落吾益友可以侶忘形
我愛琴軒翁處世樂幽寂梅梢新月上清光散
虛室乘念死灰靜閉戶自怡悦手撫三尺桐細
彈松風曲彈罷月徘徊起立梅露滴斯人信清
曠每許同落席萬里各相望鄙吝生胸臆遙知
唱楚些招此天涯魂

我愛申思仲羲洋頌同調讀書尋山寺放情窮巖穀古壁燈烱〻寒窓雨蕭〻煮茗澆舌本曠朗吟離騷君時臨晋帖玉樹生秋毫縱談雜奇恠拍手相矜豪人事安足恃散落如牛毛嶺南隔雲水塞北多蓬蒿欲見那可得懷哉增鬱陶我愛黃叔度佩〻古遺直文章例亞殆且於學有得折臂成老醫謀身藥最密非君誰師香火已三述

夜雨有感

夜雨止復作潺湲簷溜滴愁人獨不寐壁燭吹欲滅明朝莫看鏡兩鬢應半雪

天磨山

半空劍立天磨山下有行人魂欲死遥知伏豹
嘯雲端落日寒風吹不止

塞上

雉堞連雲地勢雄笛聲嘹亮戍樓空將軍射徹
三重甲壯士彎回八札弓萬里牛羊長放野百
年關海絶傳烽我來更覺無餘事目〻城頭數
斷鴻

憶寓庵挹翠

早知窮達揔關天還把才名作謫仙長憶共尋
青鶴洞獨憐虛賦白雲篇詩魂寂寞海山外劍

氣崢嶸牛斗邊別後傷心消息斷客中愁病過年〻

偶書

誰教造物忌英雄勲業蕭條覽鏡慵瘴氣横空雲似墨胡山如畫雪爲峯地連龍穴天多雨門迎鯨濤晝又風幾被故人參桂樹客窓寒落數歸鴻

寄擇之

明時何敢嘆沉淪自許踈慵附逸民長道萍蓬身作客故園蝴蝶覺尋春不禁歲月侵衰鬢可喜乾坤着放臣多少新詩惆悵得題封遠寄誰

仙人

題壁

鴨江如帶去悠悠歲月無情共逐流萬里胡天雲出塞一聲羌笛客登樓長風吹送燕山雨斷鴈含來鶴野秋覽物懷鄉偏有感孤城落日獨搔頭

流落他鄉獨自悲從來才命喜相違百年通計愁多日一世中分少樂時無術可能堪遣悶有閑隨處強題詩客牕岑寂聊為樂坐對青山讀楚辭

次梅溪先生韻

㥊却今朝滿鏡霜鬢毛爭奈客愁長天涯歲莫
登臨處唯有青山似故鄉

憶擇之

詩成欲寄謫仙人許我平生意最親一別天涯
消息斷獨憐孤夢禁城春

和奉肩牧使九日韻

廓落天涯歲月催强將詩酒獨登臺故園松菊
俱無恙應向秋風待主來

錄奉梅溪先生

廣文憔悴鬢蕭疎歲晚追隨長者車設爾不知
三月味祗應勝讀十年書殘燈古壁佛前事細

雨窮山憶舊居但使此心常淡泊不妨身世付樵漁

偶吟

坎止流行道逦尋此心閑處不紛紜謫來飽食無餘事卧看青山起白雲

雪後録奉梅溪先生

客窓偏惜歳将殘蘆荻蕭騷雪滿山塞外風高鷹翅健陣前雲起箭聲寒不妨夜月相乗興何事詩人獨閉關擁褐煎茶清味永况論杯酒作春顔來簡云雪深數天門戶不開表妻獨卧清興可掬故第六及之末意暗用顧太尉陶學士事

病中書懷

回首天涯歲月遒獨憐多病倦登樓殘生几几龜藏足瘦影棱棱鶴側頭千里羈魂危不定五更歸夢散難收詩人濩落渾無用自是文章與命仇

落日關山瘴霧橫角聲凄吟動邊城將軍幕開清宴羈客西風對短檠詩句却因愁裏得旅情多是病中生明時魑魅憎相伴閒默空齋獨自驚

長向窮途事可憐又從榆塞過殘年十生九死身千里白日丹心指碧天不學世情翻似局自

知吾道直如絃平生觸處皆重險要試肝腸鐵石堅

立春奉呈梅溪先生

天涯落魄重逡巡惆悵今朝歲月新佳節忽逢桃菜日傷心俱是望鄉人蟄虫迎氣將開戶殘雪收威不禁春知有梅魂究未洩爲誰憔悴故溪濱

寄京洛知己

歲暮天涯獨閉門鄉情離恨易銷魂論詩對酒應思我臨水登山更憶君眼入烟霞空漠漠夢隨蝴蝶去紛紛虛庵何日重携手卧聽蕭蕭雨

雨喧

奉呈梅溪先生

愧將書釖學從軍獨住邊城欲斷魂海氣散凝關外雪角聲吹落隴頭雲自憐末路知音少猶喜先生下榻勤更有風流堪愛處醉中相對細論文

述懷

踈慵怎被俗人嘲甘向溪山作老饕謂把青雲收價重閑吟白雪覺調高玉床攤飯歎誰聲夜雨穐燈讀楚之騷自笑吾生誰得似飄零真是九牛毛

搔首乾坤老更顛西風寥落鴈書傳夢中故國猶千里塞上新愁又一年榮辱古今渾得醉親朋南北各隨緣長沙自昔留才子祭日金雞下日邊

讀宋史

建隆初築太平基半夜相傳揖讓規家法忽從金樻變天心先許杜鵑知啁啾群議江南割零落諸賢嶺外移誰勸康王回馬首可憐殘業續如絲

喜見仲說書贈

斷鴻驚月叫胡山蘆荻蕭騷響雪寒千里他鄉

逢面目一燈相對說悲歡

附仲說詩

故國迢遙隔萬山荒村寂寞客氊寒風霜湖海長年別夜雨尊前一日歡

贈別仲說還京

客窓風雪點孤燈身世依稀有髮僧京洛故人應憶我莫言憔悴骨嶒崚

君向燕山道路長一尊相別思滄浪如今又作天涯客却羡君歸指故鄉說向燕時余往京相別說既及燕而余歸在龍灣相遇於逆旅中又逆還京師人事之可笑也如此

偶書

他鄉作客討蕭踈唯有江山獨起予拍手狂歌
成一笑書生習氣未全除

奉呈梅溪

謫來懷抱向誰論長與先生坐席分世路十年
三折臂家山一夕九馳魂但傾北海尊中酒休
學東坡嶺外文身似孤僧唯有髮亂山窮處晝
關門
崎嶇塞外少相親唯有溪山著放臣俛首頗遺
官長責天涯俱是可憐人

錄奉梅溪

寥落天涯歲欲遒龍鍾多病重搔頭半生去國

帘爲容盡日看山不下樓海氣晝曛渾作雨荻
花晴衮又驚秋共來慘淡風霜地坐對斜陽只
自愁
他鄉山水競朝欺爲是騷人得句稀歲暮凍雲
多雪意塞垣寒日少晴暉風塵衮衮誰知已世
事悠悠獨掩扉幸有梅溪容我拙時因杯酒與
忘機
丈夫行止總關天末路相知豈偶然八斗才名
人莫敵十年京洛客無氊執鞭端合君公後論
德宜尊齒我先把酒高吟還撫掌茲遊恐被世
間傳

次梅溪謁文丞相廟韻

茫之往跡杳難尋欲說當時日自陰正氣蕭條南渡盡胡風慘戚北來深崖山一敗非人罪爲獄千秋未死心血寫平生衣有贊輝光皎潔照如今

平生手疏爲誅姦末路傷心獨咏對日迫雲開誰取洗天傾杞國欲躋攀嘗膽北獄成雙節恥食西山自一班落之高名忠義傳餘風能起賤夫頑

一夜西風碧海飜兩都冠蓋鳥驚奔北來歲月卌心老南望塵埃白日昏即墨將危齊可恃孔

明末死漢猶存堂〻正氣公俱逝千古人間節

更尊

景炎承相仗雄才王氣如絲挽不回鼎水方驚龍馭遠祈山未見捷書來謝張趙國心逾壯集杜陵詩事益哀燕市豈消忠憤氣晴天應作一轟雷

伏臘椒漿薦苾芬文山高節昔曾聞虫蝕古壁留丹篆風雨苔碑長碧紋寥落遺魂歸杭越淒凉古廟只烟雲竪儒不識先生志何用區〻草祭文

偶吟

紙牕明處輒參禪端坐焚香兀瘦肩四壁圖書堪作主一生詩酒更成顛青山入眼人憐白綠水高歌思獨玄出處參差吾豈敢從來造物本多權

支離南北鬢毛殘嘘唶空齋獨閉關黃葉落時辭故國白雲飛處憶慈顏詩因偶得還嫌謗世典損遺自卜閑短技區區終底用不如捫蝨對青山

除夜

客愁撩亂欲華顛殘夜如燈寸寸燃要向尊前須大醉曉雞聲斷是明年

詠春眠寄李文

茆簷獨坐着游絲山鳥亂啼春晝遲暖日著人濃似酒新愁滿眼懶如癡忘形忽作莊生蝶視物眞成老子夷憂樂是非渾不記此中閑味恐君知

戲集歸去來辭效東坡

歸去問田園懽迎松菊存琴書聊獨樂富貴亦非欣東日觀農植南總引酒尊吾生今已矣世事復何言

三徑春將老東風吹未休良辰不可得是樂復何求杖酒時孤往巾車或命遊登臨尋窈窕稚

僕請相留

感時良可悲惆悵老猶期詩酒心相悅舟車塗
未非遊雲尋壑往倦鳥向人飛獨嘯門前路松
風吹我衣

撫膝猶成趣攜琴自傲顏微風來菊徑稚子倚
松關遠岫行常眄孤舟去獨還臨流胡不樂矯
首任盤桓

歸去田園蕪崎嶇事日非吾生今已矣世路向
何之室有怡顏酒心無倦鳥疑及時聊自樂扶
杖話清詩

書懷

寂寞龍灣郡凄涼蘆荻秋江山青客眼世事白人頭役〻頻驚夢悠〻獨倚樓他鄉殊可惡風雨自生愁

去國三千里思親十二時生涯憂濩落老病怫支離潤黙潜成寂喑啞兀似癡文章餘結習獨坐强題詩

胡山圍近野遼海接孤城鼓角聲〻急邊烽夜夜驚乾坤雙鬢白歲月寸心明許國身空老萁如感慨情

雨中即事

晩雨蕭〻獨閉門杏花疎影月黄昏少年狂興

都銷盡默坐空齋看海雲

偶書

年來索寞鴨江濱回首塵沙欲問津客裏偶逢
寒食雨夢中猶憶故園春一生愁病添衰鬢萬
里溪山著放臣直以諫慵成落魄非關時命滯
詩人

春日書懷

沙草尚含凍春風吹欲生輕陰連海暗薄日漏
雲明游子思親淚孤身去國情感時仍獨嘆愁
緒政呼嗟

贈別成應鄉

他鄉寒落少知音流淚萋萋入苦吟一夜天涯
同是客十年書劍共論心春情似絮風中亂別
恨如雲雨後深從此溪山還杳邈定教魂夢覺
相尋

題壁

強扶衰病獨登樓望盡長天是海頭三島雨晴
鷗背濕一江風定鏡光流青山不斷思親夢白
日潛生憶弟愁自古他鄉虛信美若為憔悴重
淹留

有感

天涯滯跡莫冷傳誰向長沙問賈生世事紛紛

頭欲白江山欝々眼還青尊前憫默傷春意客
裏蕭疎聽雨聲惆悵故鄉歸不得瘴烟凄日自
傷情

題壁

憔悴何勞泣海隅風烟猶自割昏曉四山花野
天疑盡一水徑虛地欲浮課日晴眠黃犢草披
蓑雨卧白鷗洲也知聖代多才俊如我端宜老
釣舟

晚望

惆悵無因病眼開强扶顦顇獨登臺日晴沙岸
鷗眠穩風暖春江鴈浴來楊柳陰多溪雨過蕭

霞影沒海潮回澧蘭沉芷堪宜詠鸚思如今未
易裁

憶昔

文章感動斗牛躔準擬蓬萊第一仙銀燭通宵
明似月玉堂回首逈如天盃分掌上玲瓏露衣
襲爐前繚繞烟惆悵年來成落魄離騷重詠屈
原篇

寓懷

明時竄逐坐顛狂欲向空齋學病忘萬里萍蓬
長作客一臨風雨自回腸卷中歲月皆陳迹愛
裏溪山是故鄉算盡世間多少事秪今先得鬢

蒼浪

謠宋使相巡行

要公叢重鎮邊疆按轡徐來整紀綱風逐車輪能作澤花迎玉節自生光一麾禮樂絃歌俗千里桑麻雨露鄉借得賢才誰不喜路人堪詠召南棠

人有惠我櫻桃分寄于梅溪案右

摘來珠實寄相如端合晴窓睡渴餘爲報慇懃休發鈎好將詩句替瓊琚

上梅溪

智異之山神所鍾巍巍獨立天南方星分其下

六十州氣樓三島青蒼〻蓄縞雲霧秘不洩歲
若大旱鍜滂滂豫章竹箭是特潤奇珍恠羽爲
足當群仙白日何翩〻飈輪雷轂虹霓蒙前驅
偓佺後喬松或騎麒麟翳鳳凰中有一人骨最
秀捫牛歷斗來帝傍坤靈悸〻山爲愁草木借
被照回光大名鈎陳豹尾傍文章李杜同周行
金閨遺籍二十年噓吸沆瀣餐桂香健筆飄〻
騰翠氣咳唾落地鳴鏘〻猥誦高篇衆口餘收
拾寸錦松古囊畫吟時〻夜夢見目中恍惚如
歐陽帝前誤讀銀字書小却處之魑魅場天門
杳〻隔九千身欲奮飛從回翔公今許我窺仞

墻玉匙啓鑰無留藏授以刀圭親手試換易肝
膽猶强剛安得置公玉皇前坐令域內開壽昌
高車駟馬本憂患從公萬里吾何傷

夜坐瀹茶

夜如何其天欲雪青燈古屋寒無眠手取床頭
苔蘚腹瀉下碧海冷冷泉纔開文武火力猶壁
月浮動生晴煙松風颼颼響空谷飛流激激鳴
長川雷驚電走怒未已急輸轉越轣轆巔須臾
雲捲風復止波濤不起清而漣大瓢一傾冰雪
光肝膽炯徹通神仙徐徐鑿破渾沌竅獨取神
馬游象先四看向來磅礴地娛魔俗念俱茫然

但覺心源浩自運揮斥物外逍遥天漸窮佳境到妙豪柏手朗詠離騷篇吾聞上界真人好清淨噓吸沆瀣糞穢瘞飧霞服玉可延齡洗髓伐毛童顔鮮我自世間有如此豈與枯槁爭長年君不見盧仝饑弄三百片文字汗漫空五千

大熱

六月火雲蒸海嶽金烏呀口昇天東祝融回祿助其威雨師縮頸飛廉憊憊丁夫手可炙婦壬潛喘佝羞客深山虎豹思渴死水底擾擾衰蹐龍大湫芒碭宇宙内如以熾炭燒頳銅崖焚土灰方爛熳況我有身因樊籠南牕午睡困煩

敲仰空大呌呼清風清風不來氣愈欝蠅納撲

面欺朦朧人間何處得躱避氷於露盤知難逢

吾聞崑崙之上高積雪白日凜凜神仙宮安得

飄飄最絶項一洗千古塵埃胷

醉歌

君不見莘野耕雲叟渭川釣魚翁俱是山林一

凡夫時來奮迅如蛟龍男兒窮達未可知我今

衰鬢生秋蓬袖裏攀挐十年釣世間何者爲英

雄

寄直卿仲說

李杜死已久作者唯蘇黃馳騁元豐間諸老誰

敢當噓吸吐虹霓綵爛成文章天慳與地祕披
露呈毫芒日月畏陵暴河海困簸揚比如岐山
鳳噦〻呼高崗一鳴三千秋後世聲愈長邇來
寂無聞百鳥徒爾狂二子和其聲淸響含宮商
洪崖氣磊落辟立摩蒼〻有時肆怒噫萬竅喧
崩硠發聾亦破膽衆怪皆摧藏醉墨雜風雨雷
電何煒煌仲說引孤吭咀嚼掐桂香叨腹出奇
音初疑帝樂張徐〻聞笙鏞節奏聲鏘〻撑毫
洒百紙錦繡裛珪璋憶昔在京師側翅同翺翔
天翁厭喧聒因我魑魅鄉卷舌使沈默愁憤撑
飢腸不得相伴吟歎〻空自傷顧子勿驚恠比

言誠慨慷

月蝕

孟夏夜之半有月升天空初如白芙蕖被出清冷宮忽似黑水精又被塵土蒙天形若灰死字宙俄冥濛衆星尚雄剛射殺爭玲瓏此事吁可愕厥咎惟頑虫上帝實聰明高居司吉凶懸之日與月萬古爲重瞳神姦不敢瀆邪孽那能覓奈彼蝦蟇精婪酣欺驪龍忍吞大圓鏡納以方寸中雷師虐設斧羽林徒張弓耳目自難保昏塞猶盲聾下土隅茫茫吾道何由通狙雖肆譖突仲尼無所容臧倉弄娭舌軻也祇益窮善惡

豈足憑後世常嘗〻慷慨玉川子挺劒呼天風
九門邈而遠滂泗雙垂脊血寫牋西北咄〻飛
廉慵我今重演玉川詞安得耿〻明其衷

日蝕

清晨呼我起父老門前泣云此仲夏月火德方
赫〻況彼衆陽宗萬古行有律如何失躔次廼
被陰氣蝕煌〻十分光慘〻虧亡八小民但驚
怪君子獨歎息聞昔堯舜時敬天恒暘若寅賓
自暘谷日月皆扶〻擊鼓豈其救俗事還怕愕
朝堂誠可念吾言非所職

有感

嗷〻能鳴鴈引頸隨其行天寒落沙塞不復同
翱翔三年別古國六翮已摧傷何時得天風與
爾共稻粱

古栢

老栢高崢嶸摧折少生意豈止毒霧熏亦有霜
雪萃正直神所扶虵虺豈敢栖柯葉自憔悴過
者出滂淚且復凌霄志偃蹇猶不死雖然一枝
在大廈焉得棄

謝贈寓菴

客從方丈來遺我白氎囊出自仙女機皎潔如
雪霜縫以情頭緒緘之不可忘上有淡崖字隱

隱照日光
溪崖天上仙貽我囊中藥一〻金鼎熱團圓似
明月胝之塵穢醒病顔生玉色望〻雲間人因
風報消息

雨後登統軍亭觀漲聯句

積雨收遠塞風日忽清亮一水來浩渺萬壑極
奔漲 拇 觸壁轟雷霆遇風喧瓮盎怒勢駕高度
登處潑新釀 文 浮沉鷗鷺影出沒魚龍狀納污
不相捨涇渭無畫藏 夫 汪洋横欲溲澂湃聲愈
壯 拇 亂打鼓百面急越車萬兩 夫 投鞭詎能斷
持盃未易量 文 陰機畜妓尊爽氣洗炎瘴 夫 吞

林海無涯掩陸迷所向 梅 舟楫困擺舞乾坤浮蕩漾 文 島嶼縮如鼇泳流鋪似纊恍惚天吳騰腥擣河伯旺舉翮鵬遙颶磨牙鯨吐浪 夫 黿鼉移窟穴蛟鱷昧俯仰商羊舞初已鴻夷氣方亢 梅 洶洶赴千里忽忽總一餉 文 潛入土囊底潤通星漢上從從宇宙合隱隱虹霓放白霧散成霏青山巧作障 夫 奏樂聲猶在乘槎意可尚 文 刮瞙增眼明決癰愜志暢 夫 纖雲掃寥廓路 日 銜千嶂遠覽悠眄睞冥搜儘空曠 梅 樂哉吾輩游他年期再訪 夫

獨卧旅館秋夜將半寂無人聲風雨颯然

有去國悲慘之情聊敍之於詩云

虛室夜將曉隔窓蟲語長秋聲已寂歷雨氣還滄茫殘夢客千里故鄉天一方廣文官自冷猶勝此淒涼

題金剛寺

寺古何年作問僧僧未知靑山潛欲夕白雨急催詩偶宿高人境兼忘靜者機吾今如愛囊還枉我爲誰

題秋月庵

煙霞初出頂古寺薜蘿深醜石龍疑伏懸崖斗欲沉夕陽何郡樹疎雨此山陰勝境行難住多

愁靜者心

巖㮣在絶頂古徑蒼苔幽易得西江月先驚北嶽秋寺名應不偶吾輩亦堪遊落日溪雲黑蕭蕭猿鶴愁

寄止亭

故人皆衰〻唯我獨摧殘白首三湘謫青雲一字難世情因病熟古意取琴彈夜月偏知已清應照子顏

寄容齋挹翠兩詩伯

一別隔層霄荒城歲月遙壯心空落〻踈鬢自蕭〻夢裏蝦蟆聒愁邊魍魅驕覊魂危不定須

用楚詞格

寄京洛一二知己

故舊長爲別天涯歲月深隔年書一到半夜夢重尋旧役無人境淸孤未死心高歌愁獨立楓樹日沉沉

冬雪

北風天氣閉西塞凍雲摧大野方成盤滄江忽動雷陰陽傷戰薄節序忍驚回至理憑誰問孤臣攺獨哀

喜得直卿書因迎使簡示

昨夜燈花喜故人今有書風霜詩思健歲月鬢

毛疎道路行々盡江山日々舒儻逢青眼對吾意更何如

贈別直卿還京師

塞落關山北逢君眼更明風霜看舊面樽酒話深情一別天邊鴈三年水上萍莫言相見寡我淚自霑纓

悠々多歲月道路亦漫々萬里行初返三杯興未闌寒暄肝肺裏離合魄夢間欲借江淹筆愁題恨字難

塞雪

塞天政寂寥冷落雪蕭々遠岫仍摧骨長江不

起潮䶒龍依窟蟄豺虎挾風驕獨借吟詩鬢愁
邉已平凋

微雨

溪雲易作雨氷國山全晴溪〻隨風散踈〻漏
日明鷗邉沙岸白鳥外暮山青造物真多戲頃
吾句自清

雪後

海風吹夜雪春色着林濃詩興埜梅外溪山今
古中吟肩愁聳峻尊酒倚成空閉戶形將影肅
脩獨病翁

蕩漾浮平地崢嶸沒遠林峨深藏斂斂枝滑落

驚亂敗蕿悲前跡晴窓有古心扁舟湖海志此日復侵尋

重用前韻答梅溪老人和贈

如何歲月晩轉作容愁濃脉〻梅詩裹蕭〻謝賦中身窮猶閉户坐獨更書空世事堪惆悵青山亦老翁

淒涼吟鵬賦愁殺對楓林關塞無來鴈風簷不下禽可能侵竹色更欲折梅心故國經年別天涯夢一尋（梅竹皆先生古国之物足以關念故云）

附梅溪韻

天花總著地一夜東雲濃宇宙窮陰裹湖山

積縞中占年爭道端遲日旋成空未擬梁園
賦孤吟塞上翁

穿簾兼透戶壓樹更堆林陌上無遊騎簷間有
凍禽嚙氊懷苦節咏絮想芳心倂起山陰興
扁舟月下尋

憶弟

災疾中年至飄零故國賒鴈孤空吊影荊老欲
無花人事悲歡足窮途歲月遐平生急難志半
在涕滂沱

苦寒

牢落溪山晚崢嶸歲月窮寒窓吟鬢蜂凍匣泣

鮫龍慘々飛霜氣蕭々迷海風若無尊裏酒愁

殺易成翁

歲暮

急景垂々盡孤生衮々浮江山非故國鼓角動

新愁何處開青眼傷心易白頭鄉書來有數不

是爲公候

述懷

宇宙雙蓬鬢詩書一旅人崢嶸埋嶽氣漂泊卧

龍塵湘水沉騷客衡山滯直臣淒涼今古事况

復更輪囷

寄仲敬

身與關山阻天敎歲月頻風霜侵古栢塵海蟄脩鱗失脚翻投井回頭枉問津知音猶未晚念爾謫仙人

謫中

城崩太古雪地起瘴人雲一脚逢山鬼三聲怕嶺猿感時虛泣淚去國易驚魂坐待金雞晚啾啾衆雀喧

贈之胤

乾坤自納納歲月還悠悠詩酒逢君日江湖失意秋事隨雲共散身與世同浮故國歸無計相看欲白頭

次諸仲詩

龍鍾經國策寂寞病相如白璧元無罪青編愧有書世間吾喪馬濠上子知魚豈恨功名晚唯須返舊居

附諸仲韻

悲君流落久氣味更何如遣悶詩添興傳聲鴈寄書應逢宣室詔莫羨鴨江魚幸有歸邊客慇懃問謫居

歲暮戲題牕上

人與窮相住天教歲易遷長江潮復汐孤月鈌還圓昨日非今日明年是去年可憐蘇季子頭

自此忘邊

有感

騷人坐謾落漂泊塞江邊地隔風雲氣䰟銷犬
馬爭功名緣我早老病與人先笑殺他山月秋
來幾鉄圓

寄李丈

憖非吾道直賦鵩獨何偏共食龍灣衆同乘鷗
水缸行藏惟在命禍福詎違天此志應先定君
休歎索然

次季文遊洪氏園林韻 名若文羲洲人也

雖非遯世者晦跡比深園手種林成恠躬耕黍

佚飧溪山曾抱默城市獨厭喧窮巷人來寡隣
僧敲叩門

附季文詩

邂逅虛菴老同遊主簿園浮瓜佚晚酌簪麥
作朝飧坐席隨陰轉鬧禽盡日喧自言來客
少今夕始開門

次止亭挹翠相唱韻

賦命天應薄偏嘗世味辛同來多不察絕域更
誰親宇宙渾如舊風塵幾變新須將挹翠酒遠
慰獨醒人

今古成嗟咄行藏飽苦辛心知皆遠謫面識

少相親樂事年〻摠塵機日〻新通來秋釀
熟邀醉止亭人 右把翠
論交曾嘆蕪處世久忘辛眼為良知刮身從
簿領親塵埃悲喜足歲月鬢毛新莫向閑中
話慇懃道舊人 右止亭

次李文寄余之作

退之終吏部梅也老郎官才被時人棄身為聖
代閒尋君詩酒裏待我阮劉間至味應知少新
篇仔細看
生涯曾日没還愧舊都官世路頻三黜溪山得
一閑身宜遂酒裏名亦托詩間所貴相知意休

妨俗眼着
寥落古城曲龍鍾卧數年凌雲空負氣對月獨
吟篇寶鈎晴埋藏珠光夜出淵何勞求識己終
日泛虛舡
如我知音寡從遊已十年共修　宣廟録相和
鴨江篇裒鳳翔千仞泥龍蟄九淵能觀西北美
坐待向南舡
滄嶽三秋雨星霜二髮年憐君同遠謫和我寄
清篇片月澄金井層氷貯玉淵夜來虹貫斗知
是載詩舡

登浮碧樓次牧隱韻

蒼茫塵事外江月夜明樓宇宙鰲頭闊溪山鶴
背秋古人俱寂寞吾輩得遨遊遠勝登仙去懃
非靜者流
風流牧隱老詩筆動滄洲寂寞江山在吾今更
倚樓

次梅溪韻

八斗平生著一分建安諸子儘紛〻鴨江縱好
何須句松嶽應靈未有雲天地獨容韓吏部見
童猶說鮑參軍自慙誤下陳蕃榻更欲揚〻御
李君
衣鉢詞林遠有傳聲名付與後人賢百年衰〻

猶强半萬事悠〻已久全世味危如炊劒劇文章羡似截肪鮮自憐舊疾增蝦蟹怕遣詩筒日日連

寄京洛一二知己

汝取聲名寄翰林端知異日不埋沉共持歲月青松色難掩塵埃白玉心夜雨長燈詩律峻春風曲水酒杯深茫〻一夢邯鄲上千覺人間已古今

題安齋 季文先人安貧樂道終於畎畝故以德公擬之也

鹿門家世只寧馨脫把青氊送一生富貴早知多捷徑乾坤終是作長亭瓢中日月閑來往心

上星辰自曉明愧我空〻無底物獨憑斗屋以
虛名

夜詠

寒落殘燈夜獨明室虛容我影崢嶸夕烽過後
眠初定山角吹來夢自驚地僻稀逢京國鴈身
孤堪比客牕螢古人窮境吾嘗遍多病還遭竄
逐并

客中

一謫天涯作病翁踈慵那免哭途窮枝間踏雪
三更雀泥上留痕四散鴻溥〻海濤詩老禍凄
凄秋菊楚人容從來造物真難料可喜文章老

盖工

夜深獨坐有感而作

旅館蕭條夜氣清騷人危坐聽崢嶸殘燈一點丹心老盡角三聲白髮生萬里相隨唯酒病十年虛做是詩名多慚所學非經濟只逐風塵度大平

寄止亭

出處區區寵辱并文章與命喜相爭清詩謫後得千首白髮秋來添幾莖天上古人書斷絶客中歸計夢飄零可憐落日登樓眼猶被浮雲不肎明 唐方干詩纔吟五字句又白幾莖鬚

寄慵齋居士

客魂銷盡瘦崢嶸咄咄長齋默自驚片月照心臨古國殘星隨夢落邊城故人字跡千金重老子聲名一髮輕莫語陳雷生死地從今粗亦識詩情

至日有感

漸覺他鄉歲月遷飄零去國鬢成絲地中一氣初來復塞外孤臣獨感悲可見天心元不錯更闌人事互相推詑詑此理知誰會爲向庖羲欲問之

得希剛書

落魄天涯作楚狂逢人時復問希剛一年更值
江山暮千里能傳翰墨香謫裏交書方斷絶世
間吾子獨彷徨向來相識知多少唯許平生盡
孝章

壺菴遺藁卷之一

虛庵遺藁卷之二

偶詠

筭窮今古共誰言虛谷空齋獨掩門往事鴻泥微有跡浮名釣海了無痕身遭罷閑如孤鶴吟徹霜清似旅猿宦路十年知已少何人能憶病文園

和安齋詠雪

溪山落日朗皚皚勢欲崩騰從地來壯士愁深弓力硬孤樓冷急角聲哀自嘶癕腫如枯木誰借吹噓更暖灰況復萍蓬長作客西風萬里易驚衰

送公碩赴燕京

共許雲間陸士龍少年聲譽冠諸公優游風月
三千界蟠屈溪山八九胷逸足自能空冀北高
才誰敢詑遼東期君剋日歸來早如我踈慵一
病翁

題金剛寺

兩年城裏厭塵喧一杖穿蘿到寺門自古溪山
多勝境從今泉石著詩䰟松風習習鵶翻影暮
雨踈踈洞起雲半榻清談留日永此間閑味與
僧分

題秋月菴

偶脫人間俗事辞遠尋松嶺最高巔千峯入霧
疑無地一徑緣崖若上天平挹蒼茫遼海日迴
臨眀滅鴨江烟他年白首紅塵裏幾向西涯望
藹然

送直卿赴燕京

欲別洪崖記往年夕陽愁色共秋天自憐遠謫
西湖上誰料重逢十載前此日多情如會夢有
時無語輒參禪明朝更向河梁別回首燕京路
四千

記夢寄直卿

夢見洪崖自遠方蹇驢古帽謫仙狂一牕相對

江山暮千里初歸歲月長愧我文章同白俗喜
君詩句逼黃香田頭忽失人何處唯有疏蕪掛
夕陽

九日贈季文

海上蒼茫興轉濃喜君詩酒得相逢天涯再度
黃花節客路催成白髮翁身世卽今同北鴈江
山如昨有西風登臨杜牧精靈在笑我龍鍾泣
道窮

次季文韻

雲庵好辨安齋訥俱是平生學古背世間馬異
元無異天下盧同自不同道合相知三點際情

親豈待二言中若將面目論深淺肝膽相應置
北東

附李文顔

相見未知爲我益相離便覺鄙生肯論多不
合非求異道李無私恥苟同自信浮休在死
外何須悲慓搶攘中青春屈指已強半更約
行吟鴨水東

次李文顔

過眼如雲事〻新狂歌獨泣路歧塵百年三萬
六千日四海東西南北人宋玉悲騷悲落木謫
仙哀賦惜餘春醉鄉倘有閑田地乞與劉伶且

卜隣

次李文春雪

天上洪爐別作花更教密〻復斜〻侵凌開戶還成蟄逼迫句萌未有芽癔子短翎如病鶴憐予縮頸似寒鵝邇來詩價應輕賤誰向霞庵泛紫霞 李文詩有高人知有睹流霞之句用歐梅故事故及之

雨中書懷錄奉梅溪

故園春色落風前還容傷心怨杜鵑一雨江湖連十日隻身愁病過三年登樓王粲空傳賦去國靈均獨問天懷抱所須知己在從公何恨共周旋

連句陰雨轉霏微去國傷心苦憶歸回首江湖還漠漠側身魑魅更依依今朝莫解明朝老千事多應九事非浮世百年真有累山林城市兩相違

送擇之赴燕京

崢嶸東觀論文地寥落西隅去國魂一代交游誰許我百年懷抱獨憑君滿囊詩捲溪山好把袂香深笑語薰今日又爲貧賤別暮風吹淚古江濱

寄子弘謝惠翰墨

憶君愁病度年年一札兼承七字篇被出抱羅

千兎翰鵠殘飛月萬松烟遠從磊落星辰上忽墮滄茫瘴霧邊珠重故人相贈意寫情端拜玉堂賢

答仲説惠詩

末路風塵步我知惟君獨抱舊時癡詩情渭樹增三絶句法江梅轉一奇踈〻瀟灑長作客飄飄宋玉獨多辭何年更結虛庵社香火連床話所思柬詩有江雲渭樹等語又句律太適山谷故三四及之

明時魑魅與同群歲晩江湖獨憶君夜月琴軒人似玉暮天春樹句凌雲楚辭憔悴偏多怨更賦登臨設斷魂每到蕭〻風雨裏不堪懷古思

紛〻

贈易卜金嗣宗

山林湖海兩泛〻覧智多於卜裏蔵季主風塵憎白眼君平歳月括青囊道通漠〻鴻蒙外身在空〻大極傍莫苦將心頻求洗澄源如井自清源

題換鵞樓

地平林斷叢天慳雲外高簷可宿鸞回首東南皆碧樹捲簾西北即青山乾坤百代空陳跡風雨今朝獨倚欄醉裏不知歸路遠却疑身在畫圖間

鴨江春望

邊城事〻動傷神海上狂歌異隱淪春不見花猶見雪地無來鴈況來人輕陰漠〻雨連曉細草萋〻風滿淒惆悵芳時長作客可堪垂淚更沾巾

次宋使相思府軼韻

得失何須仔細評薛門曾被試青萍拔高海嶽朱絃動彩徹星躔紫氣横邊士自能隨衆文世情堪愧重方兄爲公一曲還三歎忍聽啾〻蟋蟀聲

奉別梅溪二

三年同上鴨江舡誰料重爲萬里還縱免風霜侵瘦骨那堪蛟鰐頤腥涎歸來寂寞遼東鶴別後滄茫渭北天百世一逢能幾見病夫揮淚暮雲前

奉呈宋使相思府

平生鑑識妙如神翰墨場中第一人愧我猥蒙青眼顧非公誰許白頭親北溟羽翼推先代東閣衣冠拜後塵今日又爲知己別滿城花柳不能春

題浮碧樓

盡閣崢嶸棟欲飛騷人駐此去遲遲擣邊白水

鴟眠熟寺東青苔鳥跡奇風雨空山唯有碣乾
坤斂老更無詩月明獨倚欄干立古渡灘生釣
艇移

次仲敬示余之作

知君早悟大方家美質天成不用磋鉚氣結虹
蟠象緯珠光凝月射岷峨學吞磊落休衛鄭詩
到清新始見何顧我狂蹤才力薄自憐憑軾憫
鶩鋌

次梅溪雨中作

誰捲銀河倒瀉盆曉看天際已同雲昔生病憫
蠅頭字貧士休誇犢鼻裩桂玉堪嗟為客久鄉

書猶滯隔年聞今郝咽〻無人共長憶瑤琴彈

殿薰

附梅溪韻

黃梅時節雨翻盆隱〻轟雷擁峽雲遠客怕
逢瓜蔓水佳人愁駝鬢金裙衛泥浩〻書方
出簷溜淙〻已厭聞準擬明朝晴景好稱曲
麥壠午風薰

贈別仲敬

從來虗孔喜逞然何況逢君是謫仙細雨二[illegible]
揮麈話殘書半壁對燈眠好尋山閣圍棊久多
上江樓得句先來[illegible][illegible] [illegible][illegible]娛可堪懸有[illegible]

雲崗

李文陰梅溪泛舟觀湖病不得赴詩以寄之

湖水澄澄鏡面平孤舟盡日獨歸輕青山隱隱千流影碧樹重重兩岸晴繚繞神仙天上會滄浪杯酒畫閒行自慚多病身如此空羨瀛洲李郭名

苦熱

人間無路避氛埃毒霧襛天鬱不開溟海鵾鵬應側翅崑崙玉石便成灰誰家院落風還雨何處池臺柳拂苔咫尺忝簷偏日永午牕渾睡倘

蛟雷

遊洪氏園林和季文韻奉贈主人

肚向王門強曳裾獨懷泉石事田廬清風四面雲間宿碧樹千章畫裏居山色渡江來几案荷香連雨入林墟愧余亦有烟霞癖肎許灘頭伴釣漁主人結巢林間以爲避暑之地僕與季文遊宿一夜故云三四及之

和季文寄余之作

明時憔悴謫嶙山客裏凄凄借酒懽四壁蛩聲侵旅夢一江秋色老詩肝道窮天地身偏阨吟苦相霞句帶寒早識風塵多誤脚不如高卧予凌灘

矮屋踈籬接海山蒼〻猶自助清懽靜看水鏡
沉鳴影吟覺詩肆砭鬼肝楚客騷情渾欲老潘
郎愁鬢易驚寒通來風雨無乾日何處江湖不
起灘
隱〻長江面〻山謫來誰與共悲懽始知世事
皆蝸角背向天公恐鼠肝富貴獨歸金吏熟文
章偏許島郊寒紛〻得喪都如此須把深杯捲
海灘
平生意氣喜相同咫尺溪山不可從麟嶽暮雲
多夜雨荻洲烟浪起秋風共持雪裏青松操還
怕人間白髮公愁向空齋對寂寞題詩長憶簡

巢翁

疎慵與世少相同形影年來亦厭從門對蒼崖氣白氷室容明月更淸風逢君往〻論詩宿閱史時〻那議公肚裏唐虞嘻不吐傍人呼我聵

嚅翁

莫把行藏較異同平生夷險共相從西郊久客無新雨六翮初傷待晚風賦與自能隨造物乘除何用怒狙公濟時匡國非吾職終作溪山漫浪翁

龍穴

巉〻古穴與天通風雨時〻忽放虹知有此間

龍卧久碧潭無底水如空

獨坐煎茶奉呈梅溪

日長旅館閑生睡煮啜瓊漿病眼開搯洗百年塵土污姑山親見玉人來一陣松風四壁寒夢回蝴蝶覺神閑晴窓盡日焚香坐心在鴻濛大極間南江懶膾金鱗鯽北戶閑揮玉麈風朗讀離騷成一快天教我輩不曾窮（梅溪有南湖爲魚之約懶不能從故云）局上枯棊三十育中文字五千想見先生獨樂水邊林下神仙

附梅溪述南江叉魚之樂

一煙濃野闊青蕪遠潮落舡移綠荇開南浦去
年搴杜若尋閑今日打魚來
鏡面澄々潑眼寒投叉艇子意猶閑鱗鬐狼
籍腥風起興在鳴榔鼓枻間
輕橈去傍蘼蕪渚快馬來乘楊柳風已厭鴨
江銀縷膾書生口業本非窮
白鳥閑飛兩々紅鱗潑刺千々未妨綠蓑青
蒻喚作人間水仙

重用前韻奉呈梅溪

貽我清新江上句拈香一瓣手親開南潮昨夜
鼓鼉泣爲愛風烟捲取來

居士青襟雪月寒却嫌寥寂未全閑安心有法
公知否覓我翛然丈室間
物無彼此魚知我樂在逍遙蚿變風要使吾心
如止水人間指馬奈何窮
紛紛得失吹萬喁喁榮枯役千赤壁磯頭歲晏
飄飄作賦蘇仙

走筆次洪相國韻奉呈幾溪

潘郎蕭颯二毛年萬里歸來卷五千昨夜紅光
橫斗牛腰間閃閃動龍泉
亂逐明時已見三蕭蕭短髮不盈簪從公幸得
傳心訣惝恍迷途忽指南

龍鍾去國長爲客滿盈江山摠帶愁人說咸陽
應紙貴清詞新就仲宣樓

龍門

石門蒼霧晝冥濛潤接星河雨露通一派靈源
澄不竭此間疑是有蛟龍

龍門避暑次人韻

青山倒影蘸深杯無數芙蓉酒面開欲向丹崖
洒醉墨愧非磊落謫仙才

春日次季文韻

一番風雨一番晴病卧江城懶出行春草何關
詩句好滿塘依舊自青青 來詩有句裏莫言無好語滿塘春草已青青

青及之

雨洗郊原爛熳晴漁村時有野人行獨憐旅館
渾閑事卧看西山一抹青

借看黄四宅邊花客裏傷春白髮多去國三年
同作誰彈成越曲入雲和

憶昔溪頭手種花先生日々醉眠多天涯落魄
身如此歲月依然似永和

次梅溪江村雜興

楊柳依々柘逕深夕陽驢背似猿吟緩尋泉石
忘歸去更向沙鷗共許心

隱々虹霓海上論好風吹動碧鱗々誰將摩詰

詩中畫付與滄浪放逐臣

附梅溪韻

游魚鼓鬣綠波深林鳥和鳴助我吟物物自得
時機自動人應觀物見天心

海岸潮回捲釣綸山尊野飯煮霜鱗伶傳匹
馬歸來晚誰識金華侍從臣

題直卿詩卷後

誰遣明珠墮我前清新堪比謫仙篇世間妙句
元無主可惜天公與子偏

偶吟

詩人底事卧邊城鞦韆叢中歲月驚自笑豪情

猶未減銀山千疊看潮生

朝直卿

玉堂揮翰欲凌雲才力瑰奇古廣文只恐長爲泥酒污蘭陽一沐要三薰

羅綺叢中已醉魂謫門如掃馬蹄痕無因一覺楊州夢始信詩人習氣存

次直卿贈余之作

江山應助氣崢嶸驢背歸來句〻清問子飄〻何處得他鄉摠是爲愁生

一別風霜爲客久喜君詩眼已雙清天吳紫鳳應顚倒筆下滔〻萬壑傾

附直卿韻

溪山積雪歲崢嶸更著鰭輪十分清驢背祗今無好句襄陽絶憶皺眉生

想得夜窓聽落雪朝來自寫小詩清釀成新瓮何須癡客至無言便對傾

次梅溪寵示之作

愛四天末客窓涼誰遣清詩起我僵長對湖山猶閉口雪中還發舊時狂公癡吟久矣今有詩故末句及之

戲書

平生精力着詩功短髮蕭蕭一病翁榮辱豈關吾輩事虛名付與後人公

卅山壑裏虛神筭文字塵間出夜光白筆入〻
誅許吏青編句〻活王楊
得校
閑門高卧惻崢嶸何處風塵眼更明得此情如
添健僕登山臨水要同行
次梅溪寵示之作
一日雄圖萬里揚排風決起更蒼〻少年壯氣
俱磨折圯上今逢舊姓黃
詞林妙手獨穿楊字〻仍涵海色蒼接劍求頭
雙白璧眉間一抹已生黃
恥向吳江結怨濤獨醒何忍詠離騷天公戲我

如猿鶴可恠山林解作牢

附梅溪韻

蒙君臣筆過揄揚燕石何容較水蒼咄咄榮
陽眞可畏邇來詩律逼陳黃

次直卿韻

千載江西只數君紛紛餘子散如雲天敎正脉
關吾輩不獨歐梅唱古文

附直卿韻

平生知我孰如君心事渾如出岫雲寓庵風
雨虛庵雪十載尊前細討文

次成之韻

驢背詩人逸氣多獨吟風月過蔞河憑君爲報

長沙呂鷓鳥聲中老奈何（來詩有長沙消息問何如之句故末意及之）

次睡叟韻

夢蝶眞成汗漫遊好尋花柳自能由憐渠肝膽

經三火眞學鉛刀繞指柔

奉呈宋使相座主

狄門桃李共芬芳幸托餘根獨擅場歲晚江湖

春寂寞枯槁不改舊時香

有感

萬里龍灣道千秋逐客多我來無伴侶老淚落

殘霞

還梅直講集于仲說

先生慶歷間被褐蒙珠玉蘇子讓其名老歐相與敵時人獲一句所榮如晃綬況今去世久隻字邦可得仲說持我贈與手閱篇什讀之輒三歎古樂誰復識但喜知者在緘封寄仲說

寄士華仲說

塞外三年別尊前一日同如何聚散地又值歲時窮海嶽琴心動雲霄劍氣衝思君勞覓句雙鬢已秋風

自龍灣移向嶺外寄擇之任麻田擇之時在燕京未返

君在天西我向南羈思別根兩難堪燕鴻避處

逢重九祖栗分時怨四三世事多端皆若此入情到老自能諳龍灣舊是恓惶地虛辱先生問櫟菴

贈別一二知己(雖與不門外)

乾坤飄泊各風烟誰料重逢未死前謫夢猶恂連夜雨羈魂先怕下龍舩自憐塞外三年隔又作江南萬里還此別俱為少壯日人間離合付蒼天

登漢江樓次友人韻

坎止流行雖有道北來南去自成翁登臨一吐胷中氣散作人間衆竅風

紛〻宇宙人無數誰見崢嶸此禍翁老去豪情猶未減醉憑烟雨一帆風

初渡漢江寄丁二知己

出晝猶存三宿戀何妨去魯亦遲〻此行不是鱸魚美無限秋風別後思

投宿永原客館

曉濕漢江雨隨城夕照明漢山自寂寞天地幾陰晴故國三年別秋風白髮生長為道路客貽作向人鳴

留永原夜賦

塞路隨城縣淒然去國情初為魚北徙又逐雁

南徼歲月時將晚風塵李可蓋平生男子志此夕轉崢嶸

途中

青山送我去白雲迎我來欸設著此間歸興亦奇哉拍手謝天翁壯士胸崔嵬一笑萬里逨佇看西日頹

雲錦樓賞蓮

挺挺十丈荷獨立耿無隣舊葉低復舉新花如佳賓風味老猶在更覺徐娘真邂逅此賞者可洗聲色塵區區欲摘實韓子真癡人千載濂溪翁與我懷抱親

登雲錦樓復次止亭挹翠韻

入間漫落韓山伯天下龍鍾陶隱翁愧我今來
重感慨樓邊獨卧舊時風壁上有敬隱陶隱詩文

東西南北經行遍天地中間獨立翁乾達山前
逢脫雨龍巖寺裹望江風

同學少年琴谷子賞音高士止亭翁月明忽憶
相分處山雨蕭〻急舊風

溪山勝處如雲錦頹卧天涯一病翁此是主人
遊歷地滿簾倚雨與荷風

乾坤寥落歲時脫一夜思君成老翁最愛止亭
詩句好蕭〻吹過葛巾風來詩有榮辱紛〻眼前事蕭〻吹過葛巾

颿之

龍仁客館見梅溪手題有感而作

古館仍留絶俗篇梅仙去後月重圓登臨不覺
高聲讀恨滿秋風意已傳

清淮驛上見我姓名有感而作

南遷身與鴈俱行水遠天低秋滿城誰料旅牕
閑草木預先知我舊時名

途中

清川細石王維畫古木田叢太白詩更著輪囷
驢背影人間如此自一奇

龍服驛借憩仲武園林題老樹上

洞中欝〻蒼髯叟林下皤〻白髮翁吾與爾曹
俱有數他年拭眼此龍鍾

題短月驛

柳絲深處綠溶〻獨臥高樓納晩風明日豈無
桑下戀夢魂長在水雲中

虛庵遺稿卷之二

虛庵遺藁卷之三

登鳥嶺

看盡海雲江北郡天敎又過嶺外山攀緣鳥道三千仞此是南遷第一關

一路秋山三尺驢三霜古褐一奚奴觳觳獨坐松風過此是詩人西峽圖

題聞慶澄清堂示獻之

不盡源頭衮衮來小塘清徹鏡光開主人有術觀於水無限鳶魚上下回

天下虛庵非達士人間故處是清流一聽相對暮山碧萬里倦遊紅樹秋

偶坐池邊贈墨理王書示之 即獻之子也

江夏黃童也不多幾幾頭角出塵沙君能變黑此池水落筆晴窓行暮鴉

有感

客路逢秋色年年去國人篇章窮餓裏世事瘴江濱已負歸田計那堪與鱷鱗投文弔湘水賈誼道非真

題澄清堂示獻之

主此山前秋色靜鐘聲未足樹陰陰天涯萬里歲將晚故國三年魚鳥沉哀哀衣冠青眼舊詫氣宇宙白頭吟知音此日丹陽尹共把清尊細

論心

上安節度幕府 琛

控引關河勢不窮須將鎖鑰付英雄將軍坐嘯紅蓮幕號令嚴生白羽風筆下三千貔似水胷中十萬卧如龍輕裘緩帶荊州府文武全才少有公

得仲說惪詩

嶺外身如寄江湖秋水明迢迢三載路泛泛一浮萍老矣才無用歸歟夢自驚平生把翠士知我此時情

遊曦陽山鳳巖寺見旭上人詩卷有感而作

問渠那解我〻昔與渠親今日重相見如逢舊識人

昔在京師於叔達第始見此卷不知何從來也歲庚申秋偶遊曦陽山有僧名其旭者袖詩軸來示我披閱之乃舊所經眼者也有感而題其末云

水窮山盡處寥落梵王家片碣孤雲後遺文古篆訛烟霞餘舊物棟宇自新羅日暮猿啼嶺秋風客思多

一卧鳳巖寺空山三十年種松巢白鶴開鏁納青還雪竇心方寂撥聰思獨玄渡溪慚我累詩句賴相傳

題曦陽山白臺

鳳巖寺北洞山勢似蓬丘翠竹雲藏逕丹崖石

老秋仙疑遊月下鶴慣集松頭幸過柘提境逢
僧又小留

遊鳳巖寺觀李夢游碑 宋乾德間所立也

千古堂々李學士高文晴暎鳳巖山殘碑一片
斜陽裏有客今朝下馬看

題崔致遠碑 在曦陽山鳳巖寺

嶺外山無數崢嶸此嶽雄烟嵐澒洞處獨秀青
芙蓉蒼々然一百里壓以梵王宮金碧自照耀澗
谷生玲瓏高人此經過草木含清風亭々龜背
石苔蘚蟠乱龍摩挲古文字象器見彛鍾鬼神
失守護雨雪霜磨礱快劒斷科斗又被兵火攻

如雲度河漢壁月遺薇蒙列星尚耿耿實叙横
長空我來增歎息老淚雙垂青孤雲邈難及兹
地餘奇踪世事幾俯仰日暮山冥濛

秋雨有感示獻之

嶺外蕭蕭雨江關動客心晩涼侵短褐踈響著
高林鴈背空濛濕蟬聲寂寞吟年年相別地歸
恨仲宣襟

附獻之

牕前山雨細萬里客歸心暑氣薄空館秋聲
來遠林有時頻楚奏隨處學莊吟臨別欲無
淚羞沾君子襟

重賦答獻之

萬里逢秋雨三年折病心孤雲猶戀壑獨鳥欲歸林世事還堪悵天涯只苦吟素交黃叔度相笑頻開襟

挽文襄陽

桂籍儒仙姓字馨青雲高價重連城功名脫入三刀夢羽翼俄摧萬里程父老逢人談惠政士林相弔憶儀刑他年欲赴升堂約誰料黐爲涕泗零

次獻之韻

一夜西風入井桐客愁磊落更堆胷湘江暮碧

鷓鴣哭秦嶺畫青烟霧籠驛樹相迎暝色重鄉
情欲滴秋光濃經行萬里又千里馬首青春吾
亦東

客中遇嚴侍生辰有感而作

塞北氷霜地天南瘴癘場年々逢此日處々是
他鄉賦鵩長憔悴着雲更杳茫秋風老子淚洒
落菊花觴

次咸昌板上韻

少變溪山趣憑高更遠探晩霞紅隱々晴霧碧
毿々秋水鴟眠穩墻陰蟻戰酣主人真傲吏松
竹逕開三

過梅溪有感

萬里同遷鼂附驥一年相別燕違鴻從々世事皆如此獨向梅溪問放翁

挽金居士

生死何殊臂屈伸還然曉覺化精神尊空宴酒有明月客散高堂無主人白髮舊時蒙短褐青山是處葬長身遙知地下風塵隔應與劉伶共卜隣

謝愚翁來訪

村巷驚吁長者來誦門車馬響春雷白雲解駐玲瓏唱紅袖催傳琥珀杯太守風流仍好飲使

華蕭洒更多才分明此會堪圖畫忌久詩翁醉欲頹

聞鴈有感

廓落古城外蕭蕭生晚凉孤臣萬里老旅鴈一聲長瘴海鮫龍窟風霜鐵石腸莫言堅志氣爲爾輙悲傷

益城書事

曾作關中客重爲嶺外身青山餘舊國白首滯孤臣海雨龍涎雜巖風虎嘯頻小牕捫虱坐寒日照愁人

歲暮

塵埃長作客歲暮獨盤桓北望風霜苦南來宇宙寬詩䰟因酒放病體得秋安衮衮生涯事朱絃自一彈

次季文韻

故人猶住河東郡地僻相招去國䰟已許溪山長入戶了無車蓋更容門生前美譽還爲累醉後狂言欲反吞士固還窮堅志義倘來軒冕不須論

世事悠悠俯仰間塵埃秪益病夫頑長疑舊戍關中月轉覺新遷嶺外山天且容吾堪著拙人猶見懶誤撙閑狂奴陋態還如故合把風斤更

用刪

登神魚山望海

千年駕洛國縹緲蹟蓬瀛海圻三叉白山浮七點青與波天作界依岸樹如萍小試平生脚登臨豁浩情

寄止亭

吾隣止亭人偶爾一夜同來如避世鶴去若驚飛鴻江海杳茫茫不可尋其蹤每望日暮雲令我成老翁

歲暮書懐

旅館清如水殘生兀似僧形孤猶有影歲晩更

無朋壯氣年〻減離愁日〻增閑門聊隱几竟
夜俗人憎

南國天多暖冬深瘴霧蒸山村猶欠雪海水不
成氷稚活墻邊草全生壁隙蠅他鄉雖信美北
客自難勝

偶書

壯心常欲倚崆峒老去飄〻類轉蓬多少蹩躠
不相補是非指馬終何窮抱痾白日從人笑炙
背晴牕養我慵已付生涯長寂寞江湖甘分作
龍鍾

題梅溪詩卷後

天涯一別首重回翰墨新隨驛使來塞外溪山曾助氣湖南草木已輸材詩從處士猶邊得句論高僧月下裁想見掀髯如瘦鶴飄飄清嘯徹蓬萊

仲冬初七日大雷雨有感之作

至月江南郡寒遲暖氣生雷聲疑擘樹雨勢欲沉城漠漠應難測忉忉只自驚孤臣淚滂處白日更冥冥

夜寒書事

海雪孤村夜扁舟斷客行鷓鴣寒欲病河漢凍無聲落木端能語殘燈吟不明此時愁獨坐詩

思政崢嶸

冬夜步月尋人

杖策出門玄溪山有月明憐渠光皎潔着我學

崢嶸落木蹊蹊雨殘星淡淡螢眼看非俗物疑

向畫間行(稱詩星辰 淡之觸螢)

答李文示紀懷之作

憶君海上炎涼變意氣兼隨翰墨回飽涉險艱

心有道安排詩律句無瑕多情總是愁邊得盟

手常於揭上開題處自能深思苦令人一讀轉

生哀

早起閑望

詩人曉起病軀輕索句巡簷意氣清遠岫雲稀
初日上孤村木落大江橫驚鴻叫影那成陣獨
鳥穿林未有聲臨睨自應惆悵極非緣羈梓旅
情生

自遣

頭上蕭然折角巾黃文契闊不全貧一身與國
三年隔萬里吟詩兩鬢新早悟塵機難着力靜
諳酒地可藏真殘年更作江南客唯許梅花喚
主人

書懷

歲月伽倻國離騷楚澤臣數回寒暑變空使鬢

毛新度嶺鄉書晩還家夜夢頻何時營草底得
作緑衣人

獨坐

虛簷夜寂歷獨坐少人知自在流離日常如放
曠時謀身犀首飲處世虎頭癡櫟社眞堪托蒙
莊是我師

食柚子

江風海雨朝〻濕緑葉初看病眼新擘破霜皮
香落手嚼殘金瓣冷露唇袖中每日懷慈母秋
下先嘗愧逐臣移取千頭堪命僕故山歸卧未
全貧

益城謫居書事

海邊丈室結三椽老子吟詩留一年竹影侵床
生活畫江聲撼壁榔乘船畧容卧外餘無地靜
悟胸中別有天面〻煙霞開戶牖焚香養默事
都捐

贈別強哉

海上飄〻歲月深晚從憂患得知音數臨黃卷
論奇字好對青山養靜心醉後別懷那忍說尊
前佳會更相尋却愁獨坐無言處夜雪樓牕自
撫琴

雪後寄景劉

滄浪駕洛國歲暮雪紛々吟壓茅村瘴寒深竹逕雲梅花坐失影鳥跡動生文不盡溪山興端居更憶君

歲晚天南國寒登水北樓動知墻外竹易失海邊鷗驢背肥詩瘦山陰具容舟古人乘興處欲與共君遊

雪中書事

寒雲落日凜蹉跎孖密雪如徒詎有涯早向梁園賦授簡却從秦嶺更思家將軍躍馬弦開月公子憑船酒泛霞不論愁邊奇絕處問誰尋竹自豪誇

書懷

山林城郭轉悠々梗泛萍漂兩未休鳥道二千
江外郡人情三四澤南州浮名所得只錐末短
世常驚應虎頭千步嶠嶇九跌倒瞿塘灔澦俱
安流

移寓

作客伽倻國無家雲水禪吾生猶萬里此地又
三遷達路窮相伴椰榆鬼所憐動須挺竹杖除
却只飄然

對竹

崢嶸直節老愈尊愛此令人不受昏強項風霜

專類我論心雪月只輸君寒吟戛〻堪稱鳳爽氣冷〻欲拂雲自忍塵襟羞與對朝來三沐又三薰（山谷墨竹賦云枝老葉硬强項風雪法言曰類我類我山谷詩曰我亦不如君）

至日

宇內陽初復湖邊客獨愁梅花如我瘦日影向人留鳳闕晨先合鵷班喜氣浮孤臣搔短髮寂寞更回頭

去國忽三載今朝生一陽莫憂陰用壯須使道全剛大化雖亭毒微萌轉渺茫觸〻不自己萬物漸開張

書懷寄士華仲說直卿

吾生寂寞濱俯仰似閑身獨對一尊酒相思千
里人新秋漢水別久客嶺猿親坐覺時將晩梅
花南北春

書壕寄擇之

浩氣塞天地蕭然一室寬梅花欺我瘦竹影與
人寒永國春猶淺蠻鄉歲欲殘吟成湖海集不
惜借君看

上安節度使 琛

欲靜風波地須憑社稷臣荊州開督府諸葛岸
綸巾閫外安危寄軍中號令新敦詩依郤縠綏
帶統鉤陳節制傳三世恩威及四隣旌旗雄海

陣鼓角壯邊巡橫槊論文字潛謀動鬼神止戈
貲妙術訓卒伏寬仁踽踽窮途哭區區失路人
回頭誰識己重足莫容身賦鵩傷庚子孤雖嘆
甲辰長卿曾抱病原憲獨居貧幸托瓊林樓因
蒙杖履親追隨非按劍出處得攀輪歲月時將
晚乾坤跡已塵悲歡談笑盡款曲性情真暖律
吹寒谷滄江活涸鱗升堂慚惡客入幕作佳賓
挂戟臨門駐香醪飲夜頻含懷宜刻骨感德更
書紳悚慨巒烟裏行吟瘴海濱爲公歌此曲薄
俗可回淳

臘月書事

秋風度嶺外臘日轉江邊故國空千里新梅又一年南濵身獨遠北極夢長懸磊落平生志蕭條老病先

獨覺

萬籟響方寂一牕眠獨醒歲寒臣節苦燈火此心明有道行裝穩無官傴仰輕雖非善者類坐待曉雞鳴

朝起

日高常晏起幽事不全忙太飽身多健微醺貌欲揚梅邊哦秀句醆裡挼新方得遂踈慵性閑居味自長

益城書事示景劉長卿

役役經千里勞勞只一年海天陰少見江月夜
多圓綠竹常供爨黃柑不直錢窮途饒計話更
被故人憐

題南遷後錄

遠客天涯歲月深秋風度嶺鬢蕭森陡來詩律
請如許雪色梅魂夜夜心

臘月書事

雲容水態共迴新日暖江南欲換辰海鳥喚來
湖外雨梅花漏洩臘前春寒隨斷鴈歸何處竹
倚高風似此人獨館旅窓清淨債點茶聊喜看

生鱗

得家君手書

故國無消息今朝得好音衣添慈母線字寄老君心遠別羈愁益相望歲月深含情空咽咽罇

日下高林

首露王陵

代異功何在山空水自流白雲龍馭遠青嶂社鵠愁海嶽餘靈氣衣冠閟古丘邦人懷舊德蘋藻薦春秋

登招賢臺

招賢石老伽倻國落日登臨許遙胥嶽色似蓋

深深霧蘆花如雪巧藏鳴湖分燕尾滄浪外地
迥鰲頭縹緲中我欲沂回蓬島去江神肯借半
帆風

臘月廾三日雪

海天晝多晦薄雪轉霏霏大吹黃茅店入吟白
竹籬梅請仍到骨烏墮不成飛對此興都盡孤
舟我欲歸

次長卿寄早梅韻

溪翁點檢雪邊開寄與虛庵寂寞來絕特逢山
瑱樹早嗅香憐汝是真梅
飄飄練袂倚風欞可愛仙姿惱客情幾度相思

驚歲晩藍田日暮見雲英

偶書

盛代多才俊疎慵合棄捐北辰三轉柄南海一涯天罪大雷霆後恩深雨露邊金雞看更晩未定卜歸年

二友

旅居倫作園林主肝膽容渠寂寞濱竹友定論方外好梅兄喚我社中人閑情一味聊相許晩節雙淸政可親堪笑炎凉隨日變雪霜終始道彌眞

臘月雨雪

澤國歲將盡陰雲晝不開雨吹滄海去雪洒青山來冷蟄龍吟苦飢愁虎嘯哀都無少壯興閑戶獨徘徊

夜坐書懷

密雲不雨雷霆後真宰無私日月傍獨語自知臣罪大多慚未報國恩長青山相送客千里白髮欲生天一方江上昂藏吾易老起看星斗色凄涼

旅懷

舉目茫茫非我鄉登樓有賦怨斜陽蘇卿北返功名晚馬史南留歲月長海上浮雲同去住天

湮旅鴈共行䄄客惚淡泊無餘物収拾溪山一錦囊

奇言

石柱青天女媧補杖軀白日夸父奔角端鸞觸酣侵伐敱上蕉螟長子孫蟻垤能容富貴事槐柯或列侯王尊丁丁鑿破渾沌竅鑿丶化生玄牝門

偶書

多病年來寄異鄉閑門高卧㭊杯觴梅花冷落吟邊白客貌淒涼鏡裏蒼獨對湖山增意氣閑消日月老文章功名不許詩人管留與清孤野

史光

登佛巖

古國興亡指顧中獨攀危石俯蛟龍山排七點峯峯出派別三叉水水通雲鎖海門天遠大日沉漁市雨冥濛不須萬里悲流落應許吾曹氣益雄

地古山河在林深翡翠啼江回天屈曲野曠樹高低石髮磯邊瘦梅花竹外遲倘逢笙鶴過茲境欲幽栖

次獻之韻

詩傳江北郡人老澤南州有道能馴鱷無心可

狎鷗乾坤容濩落轍跡更周流慷慨長沙鵬遷
鳴入谷騶

附獻之詩

才大今詩伯飄零駕洛州蠻鄉少益友江海
多眠鷗今日看天意奇窮先有流春風吹馬
首早晩戒行騶

除夜

遠客誰相伴梅花與影瞿一年今夜盡萬里此
身孤母子關河隔君臣歲月流愁邊喧爆竹魑
魅笑揶揄

遠客誰相問空齋獨闃然一臘將盡夜萬事㤼

增年吾道寒燈裏時情白眼邊明朝春又至老病在人先

四時互主客一氣無停留歲月唐虞禪陰陽湯武征脩鱗已潑尾隙駟不能纓掇釼仰天叫誰知今夕情

除夕題庚申曆

鴨水初逢麥浪雨盆城又值鯉魚風都將三百六旬日付與東西南北翁

辛酉元日

宇宙如初闢瞳矓曉日鮮春風吹鬢末詩興自梅邊鳳闕椒花頌萱堂栢酒傳傷心令我老寂

寞度年〻

謫中逢辛酉元日題曆

尊前屈指新年換老去關心舊歲除已覺春風扶木德猶欣喜氣占金雞辛酉干金支屬雞音亦木故戲及之

渾沌酒歌

謫居以來釀酒自飲不漉不壓名之曰渾沌尚古也醉則輙嗚〻以歌其歌曰我飲我濁我全我天我迺師酒非聖非賢夫樂其樂者樂於心不知老之將至也人孰知余之樂是酒也臯陶稷契之佐堯舜顔曾之得孔子庖丁之牛埶康之鍛梓人不以慶賞成虡傴僂

不以萬物易錭其樂與我均也作詩以見之云

長繩欲繫白日飛大石擬補青天空狂圖謬筭坐潦落半世倏忽成老翁豈如飲我渾沌酒坐對唐虞談笑中渾沌有道人未試此法遠自浮丘公不夷不惠全其天非聖非賢將無同招呼麴君因寃底日夜噫氣聲逢々俄頃春流帶雨渾醞釀古色清而濃酌以巨瓢揖浮丘澆下萬古崔巍胷一飲通神靈宇宙欲闢猶蒙矓弄飲合自然陶鑄渾沌超鴻濛手撫渾沌世耳聽渾沌風醉鄉廣大我迺主此爵天爵非人封何用區々頭上巾淵明亦是支離人

挽虗白亭

風流耆舊餘杖叟翰墨論功次子長萬古獨尊山有岱一川能受士爭航挽回斗柄乾文整陶鑄衣冠國器良擾〻如吾方待賴莫將雙鬢早滄浪（右山上二蘇云士如稻苗待公秋臨流不度公爲航）

寄士華直卿仲說

閑餘點撿錦囊詩太半思君句〻悲記得去年相別處薄雲殘照雨絲〻

傷春次李文韻

海上逢佳節傷心鬢自華詩添今日興客坼去年爭世事真難料吾生本有涯春風公道在吹

入逐臣家

附季文

爲客何時了逢春感物華衡寒梅放蘂戴土蕨抽芽風雨嶺南路江湖天一涯不辭憑搨睡祇喜夢還家

春寒

水國春全薄寒威未解嚴狂風猶料峭小雨自簾纖地僻經過少身孤老病侵微暄真可愛炙背坐茅簷

春日有懷士華

潦倒人將老崢嶸歲自遷江春殘雪外世事暮

雲前澤國少晴日鬱鄉多雨天憶君空不見愁
絶落海邊

早春閑望

幽居廓落增離恨獨上高樓望遠天楊柳垂々
稍變色江湖漠々暗生烟征鴻喚我催歸國病
眼逢春憶少年自古詩人多感慨滿城風雨一
凄然

春後即事

江南二月草如針暖日濃薰醉客心小雨弄晴
晴變雨輕陰沉水々生陰條々嫩柳坡塘靜樹
樹啼禽院落深沂上遺風能起我思携冠者一

行吟

春陰

鳩鳴樹外霧連天柳醉如癡復似眠遲出曉城沉鼓響暗侵歌館慢琴絃江村不斷蹤〻雨草渚纖生淡〻烟野水沓青梅雪白使人狂興發詩牽

春雪

澤國雲陰思寂寥朝來密雪忽驚飄侵凌弱柳輕〻折着得蹤梅片〻嬌狂遡燕泥融處濕誤栘鴿渚暖邊頡何入得試衣安興盡日闔門坐獨謡

春日即事

借宅謐江曲偷着諸郴新雪簷晴作雨梅塢暖知春芳草自多地夕陽無故入年々為客處老病負良辰

翫梅

觀渠顛格少相親今落都宦定後身月下精神如處士愁邊意氣動詩人情闌夜々催添水興着枝々別放春容貌清臞容易老满達風雨獨逡巡

春晝

寂々柴門坐獨吟晩山嵐濕助春陰風將嫩緑

吹枯草雨挾輕紅動遠林客子遲歸世味少梅
花欲落鄕愁深飜思昔日狂遊處問柳村〻興
不禁

春懷

澤國逢春日陰晴不定天草連黃犢外江暖白
鷗邊宿酲仍添病踈慵獨飽眠旅情渾欲老歸
思落花前

春望

春日伽倻國江天積厚陰柳眠如困酒雲倦欲
依林白鳥暝邊去青山雨處沉故鄕渾在眼寸
寸客愁深

春日即事

薄霧空濛日欲斜天涯芳草客愁多春江釀碧
魚吹浪雨郁胎黃鳥啅箏

春愁

春風日日嗅愁生勢若屯雲氣未平枕上依稀
如病酒眉頭綠繞似連城侵凌鏡裏蕭蕭鬢邊漏
洩詩中種種之情自是旅愁窮有債醉鄉安得出
奇兵唐詩云酒衞愁陣出奇兵

春夢

晝睡矇矓滿眼生依稀春夢不分明狂隨蛺蝶
穿梭巷懶逐楊花繞海城千里故人猶對面一

窓斜日轉多情紛〻得喪渾閑事悔却從前覔利名蘇子美詩日多似搊花千里飛

聞杜鵑

夜月空山不惜聲〻似許自呼名恐春啼得多情血催却人間白髮生古今詩子規呼讚名杜自呼名李白詩髮聲催白髮

吟公捻池題退庵

南國溪山最誰爭此澤雄雨雲晴不斷河漢潤相通漠〻天遙遠迢〻鳥度空鏡湖欣得圭造物屬詩翁杜子美詩楚天不斷四時雨蘇東詩潤通曉月爲清露氷色朝昏異溶〻自古今并開山最湧月暎桂

陰森雨氣紅先放荷花鷺獨臨無邊多野趣晩景更沉〻嶽陽樓記朝暉夕陰氣象千萬首句即此意也張舜民詩浮萍破處見山最歐文忠詩雨氣晩成虹杜牧賦後引舟于深灣忽八九之紅芰白鷺潛來兮邈風標之公子窺此美人兮如悅慕其容媚象六句暗稱其意

地古初開闢蕭然著退庵與鷗爭澗月隣嶽護晴嵐野服芰荷老山奴橘柚添江湖豈不好憂樂爾相忘鄭常詩仙衣荷葉老東坡詩山中奴婢橘千頭范文正記處江湖之上則憂其君暗用其意

王昭君

錯畫蛾眉可奈何層城門外即天涯恩輕漢殿黃金之怨入胡山青草多社稷豈關顏色重琵

琵琶猶自語音訛世間此道終難恃莫爲佳人更起嗟李白詩生乏黃金枉圖畫死留青塚使人嗟戎昱詩社稷依明主安危託婦人第五句暗用其意

李陵

自負平生大丈夫英雄嘆息未應無功纔一髮多慚霍愧在千秋合謝蘇漢法不饒飛將種胡塵壹擲泰山軀氈墻白首誠何事莫說高人當貴孫遷史云死或重於泰山或輕於鴻毛此文句反用也自負猶辜負

竹孫

此君清節自嵳峩晩見兒孫更不邪頭角抵今看蠒栗雲雷幾日化龍蛇生來拔地能爲直力

弱當風不受斜愛爾欲添高士譜首陽之後世無多

定公撿池詠

瀰洩無底瑩澄處鏡漣漪不讓百川水能為千頃陂兩過腥草木龍臥養鱗譽歲々自多稼歷功誰得知

書懷

去歲都門道離程業返飛江南春草綠舊客歸不歸

賀士衡登第

憶君懷玉泣京塵折臂詞林已入神鵬擊三千

雄轉壯椿田八百始知春半生黃卷書中蠹未老青雲路上人從此功名如芥拾世間何地不通津

龍灣送書叔度赴燕京

適菴行李宿舂糧驢背天涯歲月長曾向扶桑觀出日重歸上國似還鄉卷中鯨海蜃深碧囊裏燕山東老蒼直待秋風生蜀塢一簾疎雨話連床 叔度書吾伸字也適菴晴之別號也書與此書菴相善虛菴謫義卅晴書赴京畫菴作比詩以齒之故書松記此詩於漢澗賓錄之集爾載沁遺失不刊故書於卷末以備後人之覽

題加川院壁 謏聞瑣錄載此詩云加川院主曰有衲衣僧過此書之或疑爲隱夫云

烏窺頹院穴人汲夕陽泉白犬爲家客[illegible]乾坤何[illegible]

雖將不類種遺孳孟之李不泯矣庵居

十年親栽一朝斲伐嗚呼噫違

右太學生李[illegible]生登科改號[illegible]

[illegible]翁作

詩

虛菴遺稿卷之三

계명대학교 동산도서관 소장 『虛庵遺藁』에 대하여

김 연 수(고려대 강사)

1. 서지

이 책은 목판본으로 전체 분량은 73장이며, 3卷 1冊으로 구성되어 있다. 중종 6년(1511) 李堣가 강원도에서 金士衡과 함께 편집·간행한 初刊本이다. 권1~권3에 저자가 무오사화로 인하여 유배된 義州와 金海에서 지은 269題 351首의 詩가 수록되어 있다. 四周雙邊, 半郭 22.5×15.4cm, 有界, 11行 18字, 大黑口, 內向黑魚尾 : 27.5×19.0cm이다.

2. 저자

저자인 鄭希良(1469~?)의 字는 淳夫이고 號는 虛庵이며 본관은 海洲이다. 정희량은 예종 1년(1469) 아버지 철원부사 鄭延慶과 어머니 慶氏 사이에서 태어났는데 聰敏博學하고 文藝에 뛰어났다고 한다. 성종 23년(1492) 生員試에 장원으로 합격했다. 연산군 1년(1495) 增廣文科 丙科에 급제, 다음해(1496) 藝文館檢閱이 되었으며, 金銓·申用漑·金馹孫·南袞·洪彦忠·朴誾 등과 함께 湖堂에 뽑혀 賜暇讀書하였다. 연산군 3년(1497) 藝文館待教가 되었고 魏徵이 唐 太宗에게 올린 「十漸疏」를 본받아 10條의 임금의 德에 대한 상소를 올려 禁中의 일을 極言하였다. 연산군 4년(1498) 藝文館奉教에 이르렀으나, 7월 戊午士禍에 연루되어 亂言을 알고도 고하지 않았다는 죄목으로 杖100, 流 3000리의 처벌을 받고 義州에 유배되었다가 연산군 6년(1500) 金海로 移配되었다. 연산군 7년(1501) 1월 모친상을 당하였고, 9월 放免되었다. 방면된 뒤 高陽郡에서 모친의 묘를 지키다가 병으로 인해 豊德縣 종의 집에서 寓居했는데 연산군 8년(1502) 단오날 祖江에 自沈한 것으로 추정된다. 江邊에서 그의 옷만 발견되었을 뿐 시신을 찾아내지 못하여 가족은 그의 遺衣만을 묻고 장례를 치렀다.

굴원의 최후를 연상시키는 정희량의 최후는 당시 사회에 상당한 논란을 일으켰다. 『燕山君日記』에는 정희량의 최후가 다음과 같이 기록되어 있다. "어떤 이는 '甲子士禍가 일어날 것을 미리 알고 물에 빠져 죽은 것이다.'하고, 어떤 이는 '거짓 미쳐 세상을 피하며 지금도 살아있다.'고 한다." 이것은 당시 사람들의 정희량의 최후에 대해 자살설과 잠적설이 난무함을 반영한 것이다. 『東國歷代摠目』·『歷史提綱』·『昭代紀年』·『佔畢齋文人錄』에는 허암의 최후를 "不知所終"으로 기록하고 있다. 반면 『於于野談』·『月汀謾錄』·『龍泉談寂記』·『牛溪雜記』·『謏聞瑣錄』·『思齋摭言』·『松溪謾錄』·『淸士傳』에는 정희량이 遁迹한 것으로 추정하고 잠적 이후 행적에 관한 일화가 수록되어 있다. 잠적 이후 일화 속 정희량은 스님이나 道術과 推算에 능한 道士로 그려져 있으며 이러한 일화 속 이미지로 인해 洪萬宗의 『海東異蹟』과 韓無畏의 『海東傳道錄』에 金時習을 잇는 道家系 문인으로 수록되게 된다.

정희량은 김종직의 문인이자 신진사림파의 일원으로 성균관 유생시절인 성종 25년(1494) 성종 승하 후 宮庭에서 齋를 올리기 위해 佛事를 행하는 것의 부당함을 논하는 疏를 올려 海洲로 유배되었다. 또 앞서 언급한대로 조정에 출사한 뒤 藝文館 待敎로 있을 때는 魏徵이 唐 太宗에게 올렸던 「十漸疏」를 본받아 治政에 관한 10가지 조항을 제시하는 상소를 올렸는데 '무릇 道란 하나 뿐이며 老子와 佛氏의 淸淨 寂滅의 道는 아니'므로 異端을 배척해야 한다고 進言하였다. 이처럼 무오사화에 연루되어 유배되기 이전 정희량 관련 기록은 그가 儒者이자 新進士林派의 일원임을 확인시켜줄 뿐이다.

정희량이 남긴 저술로는 무오사화에 연루되어 義州와 金海에 유배되었을 때 지은 詩를 모아 李堣와 金士衡이 편집·간행한 『虛庵遺藁』가 유일하다. 遁迹 이후 행적에 관한 떠도는 이야기가 野史稗說에 기록되어 전해지고 있지만 眞僞 여부는 확인할 수 없다. 정희량을 신진사림파의 일원인 儒者로 파악할 것인지, 아니면 김시습을 잇는 道家系 文人으로 규정할 것인지, 과연 이러한 구별이 어떤 의미가 있는지는 출처가 불분명한 기록들에 의시할 것이 아니라 그가 남긴 詩文에 대한 치밀한 분석을 통해 밝혀내야 할 것이다.

3. 구성

『虛庵遺藁』의 卷頭에 저자의 문집을 출간한 李堣의 「虛庵遺稿序」가 있다. 권1부터 권2까지는 義州 유배지에서 지은 詩이며, 권3에 金海로 移配된 후에 지은 詩가 수록되어 있다. 시기를 추정할 수 있는 작품들은 대체적으로 창작시기 순서로 배열되어 있다. 각 권의 구성을 민족문화추진회 편간 韓國文集叢刊에 수록된 『虛庵遺集』(以下 三刊本)과 비교하여 살펴보기로 한다.

1) 권1

권1은 31장으로 「平沙落鴈」부터 「得希剛書」까지 104題 147首의 詩가 실려 있다. 본 해제본 권1의 첫 작품은 「平沙落鴈」인데, 이와 달리 三刊本의 권1 첫 작품의 詩題는 「瀟湘八景」이다. 해제본에는 「平沙落鴈」과 이후 7首, 즉 「遠浦歸帆」·「漁村落照」·「山市晴嵐」·「洞庭秋月」·「瀟湘暮雨」·「烟寺暮鍾」·「江村暮雪」이 각각 배열되어 있는데 三刊本은 이 8首의 시를 묶어 「瀟湘八景」이라 題하고 각각의 詩題를 詩 끝부분에 「右平沙落鴈」과 같은 형태로 詩題를 제시하였다.

권1의 10번째 작품인 「有懷十二友」는 12首로 이루어진 연작시로 첫 首가 "我愛南士華, 異體同骨肉…"이다. 三刊本은 첫 首가 "我愛朴仲說, 肝膽如霽月…"이며 "我愛南士華, 異體同骨肉…"은 다섯 번째로 순서가 바뀌어져 있다. 三刊本 간행 당시 후대인의 南袞에 대한 부정적인 인식이 반영되어 의도적으로 시의 순서를 바꾼 것으로 보인다.

권1의 26번째 작품 「寄京洛知己」 다음에 27번째 작품이 「奉呈梅溪先生」인데, 三刊本은 두 작품 사이에 「送擇之朝燕」이란 작품이 삽입되어 있다.

권1의 75번째 작품의 詩題가 「塞雪」인데 三刊本에는 「寒雪」로 되어 있다. 첫 구가 "塞天政寂寥"이므로 詩題는 「塞雪」이 맞다. 三刊本 간행 과정에서 발생한 오류로 보인다.

2) 권2

권2는 18장으로 「偶詠」부터 「題短月驛」까지 65題 93首의 詩가 실려 있다. 해제본은 三刊本과 권2의 첫 번째 작품은 같으나 마지막 작품이 다르다. 三刊本 권2의 마지막 작품은 「得仲說惠詩」이다.

3) 권3

권3은 24장으로 「登鳥嶺」부터 「賀士衡登第」까지 100題 111首의 詩가 실려 있다. 「賀士衡登第」 이후에 배열된 두 작품 「龍灣送曹叔度赴燕京」·「題加川院壁」은 원 목판본에 있는 시가 아니라 이 해제본을 소장했던 누군가가 저자의 시로 추정되어 『謏聞鎖錄』에 실려 있는 것을 필사로 옮겨 적은 것이다.

해제본은 三刊本과 권3의 첫 번째 작품은 다르나 마지막 작품은 같다. 三刊本 권3의 첫 번째 작품은 「題曦陽山白臺」이다.

4. 내용

권1과 권2에는 정희량이 연산군 4년(1498) 무오사화에 연루되어 義州로 유배된 이후에 지은 詩가, 권3에는 연산군 6년(1500) 金海로 移配된 이후에 지은 詩가 대부분을 차지한다. 권1과 권2에는 「偶吟」·「有感」과 같은 제목처럼 의주로 유배된 이후의 자신의 심경을 토로한 작품이 여러 편 수록되어 있는데 가장 많은 수를 차지하는 것은 次韻詩와 벗에게 보내는 시다. 『虛庵遺藁』에 수록된 詩를 보면 정희량과 절친하게 교육했던 인물은 李荇, 朴誾, 南袞, 成重淹, 洪彦忠 등이고 유배 이후 曹偉와 각별한 친분을 갖게 된 것을 알 수 있다.

권1과 권2에 수록된 詩 대부분은 유배지에서의 고독·울분·자조·비애가 점철되어 있다. 「憶寓庵揖翠」와 「醉歌」에서 자신이 才名을 지녔음에도 시대를 만나지 못해 낙척한 것이라는 울분을 토로하는가 하면, 「次仲敬示余之作」과 「偶書」에서는 자신의 疎慵한 성품 때문에 비참한 신세로 전락한 것이라 자조하였다. 유배초기 정희량 한시에서 반복적으로 등장하는 意象인 '무리에서 낙오된 기러기'는 그의 심경을 파악할 수 있는 중요한 단서다. 권1에 수록된 「有感」이란 작품을 살펴보기로 한다.

嗷嗷能鳴鴈	소리 내어 울 수 있는 기러기는
引頸隨其行	목을 쭉 빼고 대열을 따라 날아가는데
天寒落沙塞	추운 날 변방 땅에 떨어져
不復同翔翱	다시는 함께 날아갈 수 없는 이내 처지
三年別故國	고향에서 떠나온 지 삼 년
六翮已摧傷	여섯 깃촉 이미 부러지고 다쳤다오
何時得天風	언제 하늘에서 불어오는 바람을 타고 날아
與爾共稻粱	너희들과 함께 벼 메조를 먹을 수 있을까.

위 시에는 '嗷嗷' 소리 내어 울며 무리와 함께 날아가는 기러기와 무리에서 떨어져 추운 겨울 변방 땅에 낙오된 기러기의 처지가 대비되어 있다. 정희량은 天涯의 유배지 義州에 버려진 자신의 신세를 추운 겨울 대열에서 낙오된 기러기에 투영하여 울분과 서글픔의 감정을 표출하였다. 실제 정희량과 절친하게 교유했던 벗 중에서 무오사화에 연루되어 유배된 것은 성중엄뿐이다. 정희량 만큼 直諫을 서슴지 않고 강직했던 박은이 무오사화 때 화를 피한 것은 명문거족인 남곤의 힘이 적지 않았다고 한다. 정희량의 유배시에는 가족보다 친구들을 그리워하는 시가 대부분을 차지할 정도이지만 그 그리움만큼이나 자신만이 대열에서 낙오되어 소외되었다는 비참함과 절망감이 컸음을 숨김없이 드러내고 있다. 정희량이 義州 배소에서 지은 작품은 자신의 운명과 부조리한 현실에 대한 울분과 무리에서 낙오되어 비참한 신세로 전락했다는 '失群意識'이 원인

이 되어 스스로에 대한 부정적 자조적 인식이 중요한 한 축을 이루고 있다.

정희량은 절망적 상황 속에 침잠하여 괴로워하기도 했으나 한편으로는 술, 귀향에의 꿈, 莊子的 처세관을 통해 고통을 잊고 극복하고자 하였다. 「混沌酒歌」·「獨坐」·「寄擇之」·「寄京洛知己」·「述懷」·「詠春眠寄季文」·「獨坐煎茶奉呈梅溪」·「春夢」 등이다. 그 중에서 「混沌酒歌」는 豪氣롭고 奔放한 기상과 飄逸한 情趣가 표출된 그의 대표작이라 할 만하다.

권3은 金海로 移配된 이후에 지은 詩 작품이 대부분을 차지한다. 義州 유배지에서 지은 시에서는 찾아볼 수 없었던 매화와 대나무에 대한 애정 어린 시선과 관심이 나타나 주목할 만하다. 「題南遷後錄」에서 남쪽 김해로 이배된 이후의 심경을 "괴이하도다, 詩律이 이처럼 맑아지는지, 눈 빛 매화나무 창 밤마다 마음을 끄네(怪來詩律淸如許, 雪色梅窓夜夜心)"라고 토로하였다. 권3에 수록된 「甁梅」·「對竹」·「臘日書事」와 같은 작품은 정희량이 매화와 대나무의 맑고 고고한(淸高)한 내면적 자질을 人格 理想으로 추구하고 지향하였음을 보여준다.

정희량의 淸高한 인격 이상에 대한 추구는 매화 대나무를 소재로 한 작품 외에 과거 역사 속 인물인 굴원에 대한 지향을 표방하는 시에서도 찾아볼 수 있다. 정희량은 굴원과 자신을 동일시하며 스스로를 "「離騷」를 읊는 楚澤의 신하(離騷楚澤臣)"(권3 「書懷」)라고 하였다. 「述懷」·「憶惜」·「夜坐煎茶」·「獨坐煎茶奉呈梅溪」 등의 작품에서는 굴원의 삶과 그의 작품 「離騷」에 대한 공감과 애정을 표현하였다. 정희량은 혼탁한 세상과 타협하지 않고 홀로 깨어 고통을 견디면서 끝내 자신의 신념을 굳게 지켰던 굴원의 淸高한 인격을 자신의 인격 이상으로 삼고 지향하고자 했던 것이다.

이처럼 정희량이 김해 유배지로 이배된 후 매화, 대나무, 굴원을 통해 淸高함에 대한 지향을 표출한 것은 왜일까? 정확히 어떤 계기에 의한 것인지는 알 수 없지만 그의 내면 심경에 어떤 변화가 일어났다는 것은 짐작할 수 있다. 권3 「偶書」의 尾聯에서 정희량은 "功名은 시인이 주관하는 것을 허락하지 않으나, 남긴 흥이 淸高하면 野史가 빛나리라(功名不許詩人管, 留興淸高野史光)"라고 하였다. 자신은 이미 현실에서 功名을 추구할 수 없는 처지로 전락했으나 그런 현재의 상황에 좌절하고 굴복하지 않으려 하였다. 현실적 공명은 시간이 지나면 사라지지만 살아 있는 동안 맑고 높은(淸高) 정신적 가치를 끝까지 견지하면 野史에 길이 전해져 빛날 수 있으리라 생각했던 것이다. 유배 초기의 부정적 자아인식을 극복하고 긍정적 자아인식으로 나아가고자 하는 정희량의 노력과 의지를 읽을 수 있다. 이처럼 권1부터 권3까지 정희량이 유배지에서 창작한 한시 작품은 운명과 현실 앞에 무력한 인간의 한계를 절감하면서도 그것에 굴복하지 않고 끊임없이 자신의 존재 의미를 찾고자하는 한 인간의 갈등과 고뇌와 의지의 기록이라고 할 수 있다.

5. 서지적 특성

이 해제본은 중종 6년(1511) 靑海君 李堣가 강원도 관찰사로 부임한 후 저자가 義州와 金海 유배지에서 지은 詩篇을 구하여 東原(강릉)府使 金士衡과 함께 3권 1책으로 편집하고 목판본으로 간행한 初刊本이다. 그 후 임진란으로 판본이 귀하게 되자 傍孫 鄭造가 1621년 초간본의 편차에 따라 목활자로 重刊本을 간행하였다. 중간본은 현재 서울대학교 규장각과 국립중앙도서관에 소장되어 있다. 三刊本은 1897년 11세손 鄭光淑 등이 흩어져 있는 자료를 수집·보충하여 續集 3권을 편성하여 原集과 함께 목활자로 간행한 것이다. 三刊本 原集에는 목록을 첨부하였고 詩의 일부 편차를 달리하였으며 後孫 鄭光淑·鄭鴻錫·鄭冕錫이 跋을 썼다. 현재 서울대학교 규장각, 국립중앙도서관, 장서각 등에 소장되어 있다. 민족문화추진회가 영인한 『虛庵遺集』은 이 三刊本을 底本으로 한 것이다. 四刊本은 저자의 15세손 鄭英根이 11세손 鄭光炎 家에서 遺集 2권을 얻어내고 이것을 14세손 鄭宗夏·鄭宗殷 형제 등이 儒林의 도움으로 1940년 鉛活字로 증보 간행한 것이다. 이때 續集은 前刊本 권2~3의 수록내용을 축약하여 1권으로 편성하고 새로 虛庵 祀宇 관계록 등을 모아 1권을 增補하여 原集 3권 續集 3권 합 2책으로 간행하였다. 현재 고려대학교 중앙도서관과 국립중앙도서관에 소장되어 있다.

이 해제본은 임란 이전의 판본인 초간본이라는데 가치가 있다. 초간본은 본 해제본 외에 고려대학교 만송문고와 성암고서박물관에 소장되어 있다. 임란 이전의 초간본은 稀少性 측면에서 가치가 있을 뿐만 아니라 詩題나 詩語 및 연작시 배열 순서에 있어서 저자의 처음 의도를 파악할 수 있는 중요한 자료적 가치가 있다. 같은 초간본인 고려대학교 만송문고본과 비교해본 결과, 동일 판본임을 확인할 수 있었다. 다만 만송문고본의 경우 권1의 「上梅溪」와 권3의 「吟公檢池題退庵」의 數行의 글자를 아예 판독할 수 없는데 비해 본 해제본은 글자가 선명하여 판독하기 어려운 부분이 전혀 없다.

참고 문헌

『虛庵遺稿』(鄭希良, 고려대학교 만송문고).

『虛庵遺集』(민족문화추진회 영인, 韓國文集叢刊 18, 1988).

『韓國文集叢刊解題』 1(민족문화추진회, 1991).

『燕山君日記』

『奎章閣韓國本圖書解題』 제3집, 集部2(서울대학교도서관 편, 1980).

김연수, 「虛庵 鄭希良의 自我 認識과 意識 志向」(『어문논집』 43호, 민족어문학회, 2001).

계명대학교
동산도서관
고문헌총서
6

허암유고(虛庵遺藁)

2008년 10월 27일 인쇄 20,000원
2008년 11월 3일 발행

편자 계명대학교동산도서관
발행인 신일희
발행처 계명대학교출판부
등록 1970년 9월 1일 대구 제7-44호
주소 대구광역시 달서구 신당동 1000번지
전화 580-6232~33 팩스 583-5213

ISBN 978-89-7585-442-2

PRINTING 동아종합인쇄사 잘못된 책은 바꾸어 드립니다.